Fröhlich soll mein Herze springen

Udo Hahn

Fröhlich soll mein Herze springen

Das Paul-Gerhardt-Brevier

Die Deutsche Bibliothek – Bibliographische Information

Die Deutsche Bibliothek verzeichnet diese Publikation in der Deutschen Nationalbibliographie; detaillierte bibliographische Daten sind im Internet über http://dnb.ddb.de abrufbar.

2. Auflage 2007

Printed in EU · H 7126

Covergestaltung: Mario Moths, Marl
Layout und Satz: Arnold & Domnick, Leipzig

ISBN 978-3-374-02459-9
www.eva-leipzig.de

Für Johannes, Gudrun (†), Marie-Lisa, Ernst, Anne,
Philipp und Max v. Thadden

Inhaltsverzeichnis

Vorwort

Liebe Leserin, lieber Leser,

Paul Gerhardt zählt zu den bedeutendsten Persönlichkeiten, die der Protestantismus hervorgebracht hat. 400 Jahre ist es her, dass dieser begnadete Liederdichter geboren wurde. Neben Martin Luthers Bibelübersetzung ins Deutsche und den Märchen der Brüder Grimm ist es vor allem die sprachschöpferische Kraft Gerhardts, die Menschen über Generationen angerührt hat. Der Poet des Evangeliums spricht ihnen aus dem Herzen und findet zu Herzen gehende Worte, er nimmt auf, was den Zeitgenossen seiner Tage buchstäblich auf der Seele lastete. Wie kaum ein anderer hat er die Hand am Puls der Ängstlichen, Bedrängten, Hoffnungslosen. In seinen 139 Liedern wirbt er um Gottvertrauen. Er tröstet, ohne zu vertrösten. Seine Texte entstanden nicht im Elfenbeinturm, sondern im Angesicht der Herausforderungen des Alltags. Kann man wirklich an Gott glauben? Und was bringt mir das? Zwei Fragen, die auch heute im Raum stehen. Mitunter werden sie auch so formuliert: Wie finde ich den Sinn meines Lebens? Und was gibt mir Gewissheit? Diese Fragen, weit genug verfolgt, münden irgendwann ein in die Frage nach Gott. Paul Gerhardts Lieder sind in dieser Hinsicht von zeitloser Aktualität. Sie schlagen die Brücke aus der Zeit des Barock geradewegs zu den Gottsuchern der Moderne, den Einsamen, Verzweifelten, aber auch zu den Fröhlichen, die ihre Freude über das Gute und Schöne und das Glück des Augenblicks nicht für sich behalten wollen.

Habe ich Sie neugierig gemacht? Dann greifen Sie zu diesem Buch: Es ist *das* Paul-Gerhardt-Brevier. Sie finden in ihm die 22 wichtigsten Lieder sowie sein Testament – zusammen mit kurz gefassten Interpretationen, die Sie durch das Kirchenjahr begleiten. Eine biographische Skizze ist vorangestellt.

Die Lieder Paul Gerhardts sind nicht nur zum Lesen gedacht und geeignet. Beim Hören bzw. Singen entfalten sie erst ihre ganze Kraft und Schönheit. So ist diesem Buch eine CD beigegeben: Der Schauspieler Otto Sander rezitiert Texte des Dichters, der Leipziger Thomanerchor bringt Lieder zu Gehör. Und Orgelimprovisationen laden Sie ein, Ihren eigenen Gedanken zu folgen.

Rethmar bei Hannover, im Oktober 2006 *Udo Hahn*

Paul Gerhardt – Leben und Wirken

(12. März 1607–27. Mai 1676)

Er ist der wohl bekannteste evangelische Liederdichter. 139 Lieder stammen aus seiner Feder, 27 davon finden sich im Stammteil des „Evangelischen Gesangbuchs“ (EG). Viele davon sind Klassiker geworden – übrigens nicht nur in der Kirche. Johann Crüger und Johann Ebeling komponierten die Melodien zu seinen Texten. Johann Sebastian Bach hat seine Verse „O Haupt voll Blut und Wunden“ in der Matthäuspassion vertont.

Über das Leben des Mannes, der seine Texte stets mit „Paulus“ Gerhardt unterschrieb, ist im Ganzen gesehen nur wenig bekannt. Am 12. März 1607 wird er in Gräfenhainichen bei Wittenberg geboren. Sein Vater, Christian Gerhardt, ist Bauer und Gastwirt, zeitweilig auch Bürgermeister. Seine Mutter, Dorothea, stammt aus einer Pfarrersfamilie. Beide Eltern sterben früh. Mit 14 Jahren ist Paul Gerhardt Vollwaise. Dank des kleinen Familienerbes kommt er als 15-Jähriger auf die sächsische Fürstenschule nach Grimma. 1628 nimmt er das Studium der Theologie in Wittenberg auf. Und erst 14 Jahre später findet sich wieder eine Spur von ihm. Er steuert einer Glückwunschsammlung ein Gedicht bei. Weitere neun Jahre gehen ins Land, ohne ein Lebenszeichen von ihm. Auf 1643 lässt sich sein erstes Gedicht in deutscher Sprache datieren. Und noch immer zeichnet er seine Texte mit „Student der Theologie“. Wahrscheinlich hat er seinen Lebensunterhalt als Hauslehrer verdient.

1651 übernimmt er seine erste Pfarrstelle: in Mittenwalde im Spreewald. Im Alter von 48 Jahren heiratet er 1655 die damals 33-jährige Anna Maria Berthold. Die erste Tochter – Maria Elisabeth – stirbt nach acht Monaten; das zweite Töchterchen nach vierzehn Monaten; der drittgeborene Sohn nur wenige Stunden nach der Geburt. Das vierte Kind, Paul Friedrich, wird seine Eltern überleben. Das fünfte Kind stirbt nach sieben Monaten. Die Mutter erholt sich nach der Geburt nicht mehr und stirbt 1668.

Das Leben Paul Gerhardts ist von zahlreichen Entbehrungen gekennzeichnet. Die Wirren des Dreißigjährigen Krieges hinterlassen landauf, landab ihre Spuren. 1657 übernimmt er die dritte Pfarrstelle an der Berliner Hauptkirche St. Nikolai. Doch dann gerät der Dichter mit der Obrigkeit in Konflikt. Kurfürst Friedrich Wilhelm will das konfessionelle Gefüge von Lutheranern und Reformierten vereinheitlichen. Gerhardt, ein bekenntnistreuer Lutheraner, widersetzt sich der staatlichen Anordnung. Die Amtsenthebung folgt 1666. Im Herbst 1668 zieht er schließlich nach Lübben/Spreewald, wo er als Archidiakon seinen Dienst versieht und am 27. Mai 1676 stirbt. Er wird in der dortigen Kirche beigesetzt, in der auch das einzige Porträt von ihm, ein überlebensgroßes Ölgemälde, hängt.

Als begnadeter Poet und Dichter wirkt er in seinen Liedern bis heute. Rudolf Alexander Schröder notiert: „Es ist immer, als ginge die Sonn auf, wenn der Name Paul Gerhardt in mein Gedächtnis tritt.“ Und Dietrich Bonhoeffer hält in seinem Tagebuch im Gefängnis am 13. November 1943 fest: „In den ersten 12 Tagen, in denen ich hier als Schwerverbrecher abgesondert und behandelt wurde – meine Nachbarzellen sind bis heute fast nur mit gefesselten Todeskandidaten belegt –, hat sich Paul Gerhardt in ungeahnter Weise bewährt.“ An anderer Stelle schreibt er, es sei „gut, Paul-Gerhardt-Lieder zu lesen und auswendig zu lernen, wie ich es jetzt tue“.

Was ist das Besondere an seinen Liedern? Sie sind die Quintessenz seiner Glaubens- und Lebenserfahrung, dazu von unnachahmlicher Sprachkraft. Paul Gerhardt ist – neben Jochen Klepper im 20. Jahrhundert – der einzige Liederdichter, der einen durchs Kirchenjahr begleitet: „Wie soll ich dich empfangen" (EG 11) – damit kann man sich auf die Adventszeit einstimmen. Weihnachten: „Fröhlich soll mein Herze springen" (EG 36) und „Ich steh an deiner Krippen hier" (EG 37). Zum Jahreswechsel: „Nun lasst uns gehen und treten" (EG 83). In der Passionszeit: „Ein Lämmlein geht und trägt die Schuld" (EG 83) und „O Haupt voll Blut und Wunden" (EG 85). Ostern: „Auf, auf, mein Herz, mit Freuden" (EG 112). Pfingsten: „Zieh ein zu deinen Toren" (EG 133). Der Tag lässt sich mit ihm beginnen – „Lobet den Herren, alle die ihn ehren" (EG 447) – und mit ihm beschließen: „Nun ruhen alle Wälder" (EG 477). Nicht zu vergessen das Sommerlied „Geh aus, mein Herz, und suche Freud" (EG 503). Oder die Interpretation von Psalm 37,5, dessen Worte den Beginn einer jeden der zwölf Strophen markieren: „Befiehl dem Herrn deine Wege und hoffe auf ihn, er wird's wohlmachen."

Seinen Glauben sah der Poet Gottes auf vielfältige Weise auf die Probe gestellt. Nicht von ungefähr trägt das überlebensgroße Porträt in Lübben auch den Hinweis: „Paulus Gerhardt der Theologe, erprobt im Sieb Satans, hernach fromm gestorben ...". Dieser Hinweis nimmt Bezug auf Lukas 22,31: „Simon, Simon, siehe, der Satan hat begehrt, euch zu sieben wie den Weizen."

Jeder weiß: Im Sieb des Satans hin- und hergeworfen zu werden, das ist kein Rummelplatz-Vergnügen. Dabei fällt einem zum Beispiel Hiob ein, der alles verloren hat – Hab und Gut und seine Familie. Um zu verstehen, was mit dem Sieben gemeint ist, muss man sich den Vorgang selbst vor Augen führen. Das Dreschen ist bereits vorüber, auch das Worfeln, bei dem der starke Westwind die Spreu vom Weizen trennt, wenn beides mit der Schaufel in die Luft geworfen wird. Aber auch diese Stufen sind schon vorbei: Im Grobsieb ist alles zurückgebelieben, was größer ist als ein Weizenkorn. Und durch das Feinsieb ist all das gefallen, das kleiner als ein Weizenkorn ist. Als letzte (!) Stufe der Weizengewinnung erfolgt schließlich das Schütteln und Rütteln im Sieb, bei der der noch vorhandene Unrat und Schmutz beseitigt wird. Dies hat sich der Satan – so in dem Text aus dem Lukasevangelium – für Petrus ausbedungen. Wobei der Wunsch „euch zu sieben" letztlich über Petrus hinausweist auf alle Glaubenden. Als Beispiel, wie es einem geht, der vom Satan gesiebt wurde, mag etwa Paul Gerhardt dienen.

In der Kirche in Mittenwalde hat er eine hölzerne Tafel anbringen lassen. Auf ihr stehen die Worte aus 1Mose 47,9: „Wenig und böse ist die Zeit meines Lebens." Er ist jedoch weit davon entfernt, in Bitterkeit zu versinken. Umso glaubwürdiger ist sein Trost. Nur ein Getrösteter – das hat er in Grenzsituationen selbst ein ums andere Mal erfahren – kann trösten, anderen Menschen Mut machen. Bis auf den heutigen Tag.

1. Woche

EG 11 *Wie soll ich dich empfangen*

1. Wie soll ich dich empfangen
und wie begegn ich dir,
o aller Welt Verlangen,
o meiner Seelen Zier?
O Jesu, Jesu, setze
mir selbst die Fackel bei,
damit, was dich ergötze,
mir kund und wissend sei.

2. Dein Zion streut dir Palmen
und grüne Zweige hin,*
und ich will dir in Psalmen
ermuntern meinen Sinn.
Mein Herze soll dir grünen
in stetem Lob und Preis
und deinem Namen dienen,
so gut es kann und weiß.
** Mt 21,8*

3. Was hast du unterlassen
zu meinem Trost und Freud,
als Leib und Seele saßen
in ihrem größten Leid?
Als mir das Reich genommen,
da Fried und Freude lacht,
da bist du, mein Heil, kommen
und hast mich froh gemacht.

4. Ich lag in schweren Banden,
du kommst und machst mich los;
ich stand in Spott und Schanden,
du kommst und machst mich groß
und hebst mich hoch zu Ehren
und schenkst mir großes Gut,
das sich nicht lässt verzehren,
wie irdisch Reichtum tut.

5. Nichts, nichts hat dich getrieben
zu mir vom Himmelszelt
als das geliebte Lieben,
damit du alle Welt
in ihren tausend Plagen
und großen Jammerlast,
die kein Mund kann aussagen,
so fest umfangen hast.

Advent – ins Deutsche übersetzt: Ankunft – die Zeit der Vorbereitung auf das Weihnachtsfest, die Geburt Jesu. Womit verbringen Sie diese Tage? Kaufen Sie Geschenke ein für die Liebsten? Backen Sie Plätzchen? Einladungen verschicken? Eine „besinnliche Zeit" sollen diese Wochen sein. Doch für viele Menschen – nicht nur im Handel – ist der Advent meist Stress pur, mehr als jede andere Zeit des Jahres. Viele nehmen sich vor, dass es nicht mehr so hektisch werden darf, dass es dieses Jahr anders werden muss. Und dann kommt es meistens noch viel schlimmer als im Vorjahr. Immer mehr Menschen haben das Gefühl, das Eigentliche der Adventszeit aus dem Blick zu verlieren. Denn im Grunde geht es nicht zuallererst um Geschenke, Plätzchen und den Weihnachtsbaum, sondern um die Ankunft, um die Geburt Jesu.

„Wie soll ich dich empfangen?“ Das ist die Frage, die Paul Gerhardt umtreibt. Und das ist aus christlicher Sicht das Entscheidende. „O aller Welt Verlangen“? Die Nachfrage nach Jesus – im Weihnachtsgeschäft steht sie kaum noch an erster Stelle.

Und wer darüber nachdenkt, mag sich fragen: Warum das alles? „Ich lag in schweren Banden, du kommst und machst mich los.“ Das ist der tiefe Grund, warum Gott Mensch wurde. Um den Menschen zu befreien. Manch einer sieht sich keineswegs als Gefangener, andere spüren, wie gefangen sie sind – im Beruf oder in der Arbeitslosigkeit, in Rollen, aus denen sie am liebsten ausbrechen würden.

Für sie alle ist Gott Mensch geworden!

2. Woche

6. Das schreib dir in dein Herze,
du hochbetrübtes Heer,
bei denen Gram und Schmerze
sich häuft je mehr und mehr;
seid unverzagt, ihr habet
die Hilfe vor der Tür;
der eure Herzen labet
und tröstet, steht allhier.

7. Ihr dürft euch nicht bemühen
noch sorgen Tag und Nacht,
wie ihr ihn wollet ziehen
mit eures Armes Macht.
Er kommt, er kommt mit Willen,
ist voller Lieb und Lust,
all Angst und Not zu stillen,
die ihm an euch bewusst.

8. Auch dürft ihr nicht erschrecken
vor eurer Sünden Schuld;
nein, Jesus will sie decken
mit seiner Lieb und Huld.
Er kommt, er kommt den Sündern
zu Trost und wahrem Heil,
schafft, dass bei Gottes Kindern
verbleib ihr Erb und Teil.

9. Was fragt ihr nach dem Schreien
der Feind und ihrer Tück?
Der Herr wird sie zerstreuen

in einem Augenblick.
Er kommt, er kommt, ein König,
dem wahrlich alle Feind
auf Erden viel zu wenig
zum Widerstande seind.

10. Er kommt zum Weltgerichte:
zum Fluch dem, der ihm flucht,
mit Gnad und süßem Lichte
dem, der ihn liebt und sucht.
Ach komm, ach komm, o Sonne,
und hol uns allzumal
zum ewgen Licht und Wonne
in deinen Freudensaal.

Warum ist Gott Mensch geworden? So sehr hat er die Welt geliebt, dass er Jesus schickte (Joh 3,15). Liebe – das ist der Grund. Gott liebt jeden Menschen. Sie winken ab? Typische Pastorenworte? Und doch bleibt es richtig! Gott kann gar nicht anders. Gott braucht den Menschen, um Gott zu sein. Und der Mensch braucht Gott, um Mensch zu sein.

Die Geschichte Gottes mit den Menschen könnte man aus biblischer Sicht vom Alten Testament her kommend als Geschichte des Scheiterns betrachten. Das Experiment Mensch ist gründlich schiefgegangen. Dabei hat Gott den Menschen nach seinem Bild geschaffen (1Mose 1,27), „wenig niedriger gemacht" als sich selbst (Ps 8,6). Und doch könnte die Kluft zwischen Mensch und Gott kaum größer sein. Nicht selten leben wir gottvergessen. Und das Gute, das wir tun wollen, gelingt uns nicht einmal dann, wenn wir es ernstlich vorhaben (Römer 7,19). „Was ist der Mensch, dass du seiner gedenkst?", fragt der Psalmbeter (Ps 8,5). Gott handelt aus Liebe.

„Das schreib dir in dein Herze“: dorthin, wo nach biblischer Überzeugung das menschliche Denkzentrum seinen Ort hat. Wir hingegen sehen das Herz als Ort der Gefühle und womöglich der Gefühlsduselei. Gott hat vernünftige Gründe für sein Handeln. Er will uns Gutes. Wir sollen uns nicht sorgen, denn er sorgt für uns. Hilfe ist nahe – sie ist schon „vor der Tür“.

3. Woche

EG 37 *Ich steh an deiner Krippen hier*

1. Ich steh an deiner Krippen hier,
o Jesu, du mein Leben;
ich komme, bring und schenke dir,
was du mir hast gegeben.
Nimm hin, es ist mein Geist und Sinn,
Herz, Seel und Mut, nimm alles hin
und lass dir's wohlgefallen.

2. Da ich noch nicht geboren war,
da bist du mir geboren
und hast mich dir zu Eigen gar,
eh ich dich kannt, erkoren.
Eh ich durch deine Hand gemacht,
da hast du schon bei dir bedacht,
wie du mein wolltest werden.

3. Ich lag in tiefster Todesnacht,
du warest meine Sonne,
die Sonne, die mir zugebracht
Licht, Leben, Freud und Wonne.
O Sonne, die das werte Licht
des Glaubens in mir zugericht',
wie schön sind deine Strahlen!

4. Ich sehe dich mit Freuden an
und kann mich nicht satt sehen;
und weil ich nun nichts weiter kann,
bleib ich anbetend stehen.

O dass mein Sinn ein Abgrund wär
und meine Seel ein weites Meer,
dass ich dich möchte fassen!

5. Wann oft mein Herz im Leibe weint
und keinen Trost kann finden,
rufst du mir zu: „Ich bin dein Freund,
ein Tilger deiner Sünden.
Was trauerst du, o Bruder mein?
Du sollst ja guter Dinge sein,
ich zahle deine Schulden."

Wer an der Krippe steht, kommt aus dem Staunen nicht mehr heraus. Mit der Geburt Jesu beginnt eine neue Epoche der Menschheitsgeschichte – mit Konsequenzen auch für mein Leben. Ich bin einer unter inzwischen 6,6 Milliarden Menschen. Und auch für mich ist dieser Jesus geboren. Das sprengt die Grenzen meines Denkens. „Und weil ich nun nichts weiter kann, bleib ich anbetend stehen": Die distanzierte Beobachterrolle wandelt sich. Ich kann gar nicht anders, als mich zu dieser Botschaft zu verhalten. Gott ist für mich Mensch geworden. Das ist in seiner Tiefe nur im Gebet, im anbetenden Staunen zu verarbeiten. Das übersteigt alles menschliche Fassungsvermögen.

Viele Menschen mögen das noch in gewisser Weise nachvollziehen können. Aber was bringt mir der Glaube? Die Frage nach dem Nutzen, die sich heute auf praktisch alles im Leben richtet, hat sich auch Paul Gerhardt gestellt und ganz unmittelbar auf den Glauben bezogen. Ja, die Frage ist erlaubt, was denn der Glaube bringe.

Jetzt gewährt der Dichter Einblick in sein Innerstes. „Wann oft mein Herz im Leibe weint und keinen Trost kann finden“ – das ist für Gerhardt die Glaubensprobe schlechthin. In diesen Situationen, wenn es scheinbar überhaupt keinen Halt mehr gibt, selbst dann ist Jesus da. Und sei es, dass er mich – bildlich gesprochen – auffängt. Niemand kann tiefer fallen als in seine Hand.

4. Woche

6. O dass doch so ein lieber Stern
soll in der Krippen liegen!
Für edle Kinder großer Herrn
gehören güldne Wiegen.
Ach Heu und Stroh ist viel zu schlecht,
Samt, Seide, Purpur wären recht,
dies Kindlein drauf zu legen!

7. Nehmt weg das Stroh, nehmt weg das Heu,
ich will mir Blumen holen,
dass meines Heilands Lager sei
auf lieblichen Violen;
mit Rosen, Nelken, Rosmarin
aus schönen Gärten will ich ihn
von oben her bestreuen.

8. Du fragest nicht nach Lust der Welt
noch nach des Leibes Freuden;
du hast dich bei uns eingestellt,
an unsrer Statt zu leiden,
suchst meiner Seele Herrlichkeit
durch Elend und Armseligkeit;
das will ich dir nicht wehren.

9. Eins aber, hoff ich, wirst du mir,
mein Heiland, nicht versagen:
dass ich dich möge für und für
in, bei und an mir tragen.
So lass mich doch dein Kripplein sein;
komm, komm und lege bei mir ein
dich und all deine Freuden.

Paul Gerhardt schlägt in seinen Advents- und Weihnachtsliedern die Brücke in die Passionszeit. Jesu *Sympathie* für uns geht über die ursprüngliche Bedeutung dieses griechischen Wortes für Mitleid weit hinaus: Er leidet nicht nur solidarisch mit uns mit, sondern er leidet wegen uns Menschen. Zu verstehen ist das nur, wenn man an den Anfang der Bibel schaut. Das Experiment Mensch scheint Gott gründlich misslungen zu sein. Der Mensch lehnt sich ständig auf, will sein wie Gott – in den kleinen und großen Dingen des Lebens. Dafür muss er dann auch die Konsequenzen tragen. Jeder und jede ist vor Gott verantwortlich – für das jeweils eigene Tun und Lassen. Wer kann da vor Gott bestehen? Sie haben es längst gemerkt. Es handelt sich um eine rhetorische Frage. Und die Antwort kann nur lauten: keiner!

Und was macht Gott, um die tiefe Kluft zwischen uns und ihm zu überwinden? Er schickt seinen Sohn. „Du hast dich bei uns eingestellt, an unsrer Statt zu leiden." Das ist die Mission Jesu. Während wir uns noch am romantischen Kerzenlicht und am süßen Plätzchenduft erfreuen, hat Paul Gerhardt schon die Passion im Blick. Jesu Weg führt von Weihnachten zum Kreuz.

Doch erst einmal ist das dem Dichter wichtig: Er möchte selbst zur Krippe werden und Jesus „in, bei und an mir tragen" – Ausdruck eines für immer innigen (Glaubens-)Verhältnisses.

5. Woche

EG 58 ***Nun lasst uns gehn und treten***

1. Nun lasst uns gehn und treten
mit Singen und mit Beten
zum Herrn, der unserm Leben
bis hierher Kraft gegeben.

2. Wir gehn dahin und wandern
von einem Jahr zum andern,
wir leben und gedeihen
vom alten bis zum neuen

3. durch so viel Angst und Plagen,
durch Zittern und durch Zagen,
durch Krieg und große Schrecken,
die alle Welt bedecken.

4. Denn wie von treuen Müttern
in schweren Ungewittern
die Kindlein hier auf Erden
mit Fleiß bewahret werden,

5. also auch und nicht minder
lässt Gott uns, seine Kinder,
wenn Not und Trübsal blitzen,
in seinem Schoße sitzen.

6. Ach Hüter unsres Lebens,
fürwahr, es ist vergebens
mit unserm Tun und Machen,
wo nicht dein Augen wachen.

7. Gelobt sei deine Treue,
die alle Morgen neue;
Lob sei den starken Händen,
die alles Herzleid wenden.

8. Lass ferner dich erbitten,
o Vater, und bleib mitten
in unserm Kreuz und Leiden
ein Brunnen unsrer Freuden.

In wenigen Tagen beginnt ein neues Jahr. Was hat das alte gebracht? Und was kommt im neuen auf uns zu? Mancher Jahresrückblick ruft noch einmal Unglücke und Katastrophen in Erinnerung. Die eigene Jahresbilanz mag sich davon unterscheiden. Was unsere Gesellschaft betrifft, so ist eine gelassene Zuversicht derzeit Mangelware.

Paul Gerhardt hat Not und Elend wie kein anderer gekannt. Der Dreißigjährige Krieg hat tiefe Spuren der Verwüstung hinterlassen. Wie kann man das alles verarbeiten? Wie kann man trotz allem dankbar sein? Indem man wie Paul Gerhardt in seinem Lied als erstes einen Dank formuliert – „zum Herrn, der unserm Leben bis hierher Kraft gegeben". Keine Spur von Resignation oder gar Gottverlassenheit. Mich erinnert das an einen befreundeten Journalisten, der auf die Frage „Wie geht es Ihnen?" stets antwortet: „Ich lebe." Ja, was kann man – ohne jeden resignativen Anflug – mehr sagen?

Der Dichter ist keineswegs naiv. Er ist Realist. Er listet die Tücken des Lebens auf: Angst und Plagen, Zittern und Zagen, Krieg und Schrecken. Da steckt alles drin!

Jedes Leben ist einem Weg vergleichbar: „Wir gehn dahin und wandern." Das ist nicht immer beschaulich. Denn so mancher Weg führt steil nach oben, mutet uns Gratwanderungen zu, auf denen uns der Absturz droht. Oder wir finden uns in einer Einbahnstraße oder gar einer Sackgasse wieder. Was auch immer: Hauptsache Gott ist als treuer Begleiter dabei.

6. Woche

9. Gib mir und allen denen,
die sich von Herzen sehnen
nach dir und deiner Hulde,
ein Herz, das sich gedulde.

10. Schließ zu die Jammerpforten
und lass an allen Orten
auf so viel Blutvergießen
die Freudenströme fließen.

11. Sprich deinen milden Segen
zu allen unsern Wegen,
lass Großen und auch Kleinen
die Gnadensonne scheinen.

12. Sei der Verlassnen Vater,
der Irrenden Berater,
der Unversorgten Gabe,
der Armen Gut und Habe.

13. Hilf gnädig allen Kranken,
gib fröhliche Gedanken
den hochbetrübten Seelen,
die sich mit Schwermut quälen.

14. Und endlich, was das meiste,
füll uns mit deinem Geiste,
der uns hier herrlich ziere
und dort zum Himmel führe.

15. Das alles wollst du geben,
o meines Lebens Leben,
mir und der Christen Schare
zum sel'gen neuen Jahre.

Der Dichter blickt in die Zukunft. Seine Wunschliste ist lang. Was wird sich erfüllt haben? An den Anfang rückt er eine Tugend, die mehr und mehr Mangelware zu werden scheint: Geduld. Bewerbern wird in Trainings oft beigebracht, dass sie auf die Frage, was denn ihre größte Schwäche sei, antworten sollten: Ungeduld. Ja, es geht an vielen Stellen, in Politik und Wirtschaft, aber auch im eigenen Leben nicht immer zügig voran. Doch Ungeduld ist meist keine Lösung, sondern macht alles nur noch schlimmer. Geduld ist nicht zu verwechseln mit einem passiven Sich-treiben-Lassen. Geduld – im Kontext des Glaubens – zeugt von dem Wissen, dass es nicht allein auf mich ankommt. Sie nimmt Gott beim Wort, wie es etwa in den Psalmen immer und immer wieder zum Ausdruck kommt. Die Betenden liegen Gott buchstäblich in den Ohren. Jetzt muss er handeln, denn nur er vermag das Entscheidende zu tun.

Paul Gerhardt hält sich keineswegs zurück mit seinen Wünschen, im Gegenteil. Das Blutvergießen muss ein Ende haben – überall. Gott soll, ja muss sich kümmern: um die Verlassenen, Irrenden, um Arme und Kranke. Sie alle möge sein Geist erfüllen, d. h. sie alle mögen sich von ihm geliebt wissen, mit Glaubenszuversicht begabt und Mut zum Handeln ausgestattet.

7. Woche

EG 302 *Du meine Seele, singe*
Psalm 146

1. Du meine Seele, singe,
wohlauf und singe schön
dem, welchem alle Dinge
zu Dienst und Willen stehn.
Ich will den Herren droben
hier preisen auf der Erd;
ich will ihn herzlich loben,
solang ich leben werd.

2. Wohl dem, der einzig schauet
nach Jakobs Gott und Heil!
Wer dem sich anvertrauet,
der hat das beste Teil,
das höchste Gut erlesen,
den schönsten Schatz geliebt;
sein Herz und ganzes Wesen
bleibt ewig unbetrübt.

3. Hier sind die starken Kräfte,
die unerschöpfte Macht;
das weisen die Geschäfte,
die seine Hand gemacht:
der Himmel und die Erde
mit ihrem ganzen Heer,
der Fisch unzähl'ge Herde
im großen wilden Meer.

4. Hier sind die treuen Sinnen,
die niemand Unrecht tun,
all denen Gutes gönnen,
die in der Treu beruhn.
Gott hält sein Wort mit Freuden,
und was er spricht, geschicht;
und wer Gewalt muss leiden,
den schützt er im Gericht.

Lieder reduzieren Gedanken auf das Wesentliche. Sie machen nicht viele Worte, sondern bilden ein Konzentrat. Mit den Psalmen ist es nicht anders. Sie stellen Gebete dar, auf das Eigentliche ausgerichtet: Gott zu danken, Sorgen und Nöte ungeschminkt vor ihm auszubreiten und alles Gute von ihm zu erbitten.

Ein ins Lied umgearbeiteter Psalm ist im Grunde die höchste Form der Verdichtung, die Glaubensnot hinausschreit und Glaubens- und damit auch Lebenshilfe im umfassendsten Sinn erwartet. Solch ein Lied schärft den Blick für das, was allein wichtig ist: Worauf setzen Sie Ihr Vertrauen? Man könnte es auch anders formulieren: Wer oder was ist für Sie Gott? Ganz im Sinne der Definition Martin Luthers: Woran der Mensch sein Herz hängt, also sein ganzes Vertrauen setzt, das ist sein Gott.

Paul Gerhardt lässt keinen Zweifel daran, dass es bei dieser Frage nur eine Antwort geben kann: Es ist der Gott, der uns in der Bibel begegnet. Er verdient unser vollstes Vertrauen. Er ganz allein. Wer sich daran hält, wird nie enttäuscht sein. Enttäuschen können nur die sogenannten Ersatzgötter. Wer ausschließlich in seinem Job die Erfüllung seines Lebens sucht – oder in einem gut gefüllten Bankkonto – oder indem er in bestimmten Funktionen möglichst viel Macht und Einfluss ausüben kann: der ist – früher oder später – auf dem Holzweg.

8. Woche

5. Er weiß viel tausend Weisen,
zu retten aus dem Tod,
ernährt und gibet Speisen
zur Zeit der Hungersnot,
macht schöne rote Wangen
oft bei geringem Mahl;
und die da sind gefangen,
die reißt er aus der Qual.

6. Er ist das Licht der Blinden,
erleuchtet ihr Gesicht,
und die sich schwach befinden,
die stellt er aufgericht'.
Er liebet alle Frommen,
und die ihm günstig sind,
die finden, wenn sie kommen,
an ihm den besten Freund.

7. Er ist der Fremden Hütte,
die Waisen nimmt er an,
erfüllt der Witwen Bitte,
wird selbst ihr Trost und Mann.
Die aber, die ihn hassen,
bezahlet er mit Grimm,
ihr Haus und wo sie saßen,
das wirft er um und um.

8. Ach ich bin viel zu wenig,
zu rühmen seinen Ruhm;
der Herr allein ist König,
ich eine welke Blum.
Jedoch weil ich gehöre
gen Zion in sein Zelt,
ist's billig, dass ich mehre
sein Lob vor aller Welt.

Bei Gott gibt es alles, was der Mensch braucht. Er bringt uns alles, was wir nötig haben: Er speist die Hungrigen, befreit Gefangene, macht Blinde sehend, schützt Fremde, tröstet Leidende. Klingt das nicht ziemlich naiv? Gott bringt all das fertig, was wir aus eigener Kraft nicht schaffen. Schön wärs, mag manch einer denken. Auf den ersten Blick hört sich das vielleicht unrealistisch an. Aus der Perspektive des Glaubenden jedoch nicht. Der Glaube schätzt das, was wir Menschen tun können, sehr realistisch ein. Nur ein Beispiel: Die Medizin hat zahllose Krankheiten bekämpft. Sie verspricht ein immer längeres Leben, und der Traum vom ewigen Leben erhält so regelmäßig neue Nahrung. Aber es ist nicht nur der Tod, den sie nicht überwinden kann. Der Homo Faber, der Macher-Mensch, der sich an die Stelle Gottes setzte, hat an Selbstbewusstsein verloren, angesichts von Naturkatastrophen und technischen Katastrophen. Leben ist und bleibt gefährdet. Wie können wir das bewältigen? Vielleicht lässt sich dies alles – wie auch die Vergangenheit – gar nicht bewältigen.

Aber der Glaube kann eine Hilfe sein, auch angesichts übergroßer Herausforderungen und Katastrophen den Boden unter den Füßen nicht zu verlieren. Wer glaubt, lebt gelassener – und aus der Zuversicht, dass Gott hält, was er zusagt.

9. Woche

EG 283 *Herr, der du vormals hast dein Land*

Psalm 85

1. Herr, der du vormals hast dein Land
mit Gnaden angeblicket
und des gefangnen Volkes Band
gelöst und es erquicket,
der du die Sünd und Missetat,
die es zuvor begangen hat,
hast väterlich verziehen:

2. Willst du, o Vater, uns denn nicht
nun einmal wieder laben?
Und sollen wir an deinem Licht
nicht wieder Freude haben?
Ach gieß aus deines Himmels Haus,
Herr, deine Güt und Segen aus
auf uns und unsre Häuser.

3. Ach dass ich hören sollt das Wort
erschallen bald auf Erden,
dass Friede sollt an allem Ort,
wo Christen wohnen, werden!
Ach dass uns doch Gott sagte zu
des Krieges Schluss, der Waffen Ruh
und alles Unglücks Ende!

4. Ach dass doch diese böse Zeit
bald wiche guten Tagen,
damit wir in dem großen Leid

nicht möchten ganz verzagen.
Doch ist ja Gottes Hilfe nah,
und seine Gnade stehet da
all denen, die ihn fürchten.

In den Liedern Paul Gerhardts geht es nie nur um den Einzelnen. Seine Perspektive ist weiter gefasst. Sie schließt die gesellschaftlich-politische Dimension mit ein. Das ist in den Psalmen nicht anders. Ein ums andere Mal hat das Volk Israel Gott aus den Augen verloren, es glaubte, sich auf vermeintlich eigene Stärken zu besinnen. Manche Katastrophen sind über das Volk Gottes hereingebrochen. Und doch waren immer wieder Neuanfänge möglich.

Die Strophen dieses Liedes lassen sich auch als Kommentar zu manchen Phasen der Geschichte dieses Landes lesen. Epochen, in denen man nur beten konnte, dass Waffen schweigen, Kriege zu Ende gehen und Frieden wieder einkehren möge – dass ein neuer Anfang möglich werde.

Gerhardt spricht von Gott, der verzeiht. Können Sie auch verzeihen? Vergebung ist möglich – im privaten wie im öffentlichen Leben. Voraussetzung dafür ist das Eingeständnis von Schuld und Versagen. Die Bibel spricht von Buße – der Umkehr auf und der Abkehr von einem als falsch erkannten Weg, der nur in die Irre führte. Einfacher ist Vergebung nicht zu haben.

Wenn einer etwas verändern kann, dann ist es Gott selbst. Er ist bereit zu vergeben: „Ich habe keinen Gefallen am Tode des Gottlosen, sondern dass der Gottlose umkehre von seinem Wege und lebe“ (Hesekiel 33,11).

10. Woche

5. Wenn wir nur fromm sind, wird sich Gott
schon wieder zu uns wenden,
den Krieg und alle andre Not
nach Wunsch und also enden,
dass seine Ehr in unserm Land
und allenthalben werd erkannt,
ja stetig bei uns wohne.

6. Die Güt und Treue werden schön
einander grüßen müssen;
Gerechtigkeit wird einhergehn,
und Friede wird sie küssen;
die Treue wird mit Lust und Freud
auf Erden blühn, Gerechtigkeit
wird von dem Himmel schauen.

7. Der Herr wird uns viel Gutes tun,
das Land wird Früchte geben,
und die in seinem Schoße ruhn,
die werden davon leben;
Gerechtigkeit wird dennoch stehn
und stets in vollem Schwange gehn
zur Ehre seines Namens.

„Dass Gerechtigkeit und Friede sich küssen" – was für eine schöne Bildvorlage, die Psalm 85,11 für dieses Lied liefert. Gerechtigkeit und Frieden – das sind die Eckpfeiler des Zusammenlebens zwischen Menschen, die eine staatliche Ordnung garantieren muss, wenn sie funktionieren soll. „Gerechtigkeit erhöht ein Volk, aber die Sünde ist der Leute Verderben", heißt es in Sprüche 14,34.

Wenn von Gottes Gerechtigkeit in der Bibel die Rede ist, dann geht es nicht an erster Stelle um das Richten. Im Alten Testament illustriert das Verhältnis zwischen Gott und seinem Volk Israel das, was unter Gerechtigkeit zu verstehen ist. Gottes Gerechtigkeit (deren Frucht Frieden ist, Jesaja 32,17) zeigt sich in seinem Handeln, das Rettung und Heil für sein Volk bedeutet. Menschliche Gerechtigkeit orientiert sich an dem, was Gott seinem Volk offenbart hat (z. B. die Zehn Gebote).

Gerechtigkeit wird in der Bibel als hoher Wert angesehen: „Wer Gerechtigkeit und Güte nachjagt, der findet Leben" (Sprüche 21,21). Gerechtigkeit leben heißt: Ich muss nicht alles haben, was ich mir leisten kann. Ich werde anders leben, damit andere leben können. Ich höre zu, wenn vom Leid anderer Menschen die Rede ist. Ich frage mich, was ich tun kann. Ich engagiere mich für eine Idee oder eine Person. Ich sage nicht: Andere sollen es machen.

11. Woche

EG 324 *Ich singe dir mit Herz und Mund*

1. Ich singe dir mit Herz und Mund,
Herr, meines Herzens Lust;
ich sing und mach auf Erden kund,
was mir von dir bewusst.

2. Ich weiß, dass du der Brunn der Gnad
und ewge Quelle bist,
daraus uns allen früh und spat
viel Heil und Gutes fließt.

3. Was sind wir doch? Was haben wir
auf dieser ganzen Erd,
das uns, o Vater, nicht von dir
allein gegeben werd?

4. Wer hat das schöne Himmelszelt
hoch über uns gesetzt?
Wer ist es, der uns unser Feld
mit Tau und Regen netzt?

5. Wer wärmet uns in Kält und Frost?
Wer schützt uns vor dem Wind?
Wer macht es, dass man Öl und Most
zu seinen Zeiten find't?

6. Wer gibt uns Leben und Geblüt?
Wer hält mit seiner Hand
den güldnen, werten, edlen Fried
in unserm Vaterland?

Da kommt Paul Gerhardt offensichtlich richtig ins Schwärmen, wenn er an Gott denkt. Mehr noch, es ist ihm ein tiefes Bedürfnis, nach Herzenslust von Gott zu reden. Geradezu überschwänglich ist er in dem, was er in den einzelnen Strophen Gott zuschreibt. Diese Liebeserklärung malt Gott in den herrlichsten Farben. Was er über Gott erzählt, ist mehr als eine Ahnung. Er stellt klipp und klar fest: „Ich weiß." Glauben heißt hier Wissen, und zwar im Sinne von Gewissheit. Paul Gerhardts Glaubenserfahrung hat ihm diese Überzeugung gegeben – trotz oder gerade wegen der Schrecknisse, die ihm widerfahren sind. Anders als im Volksmund, der Glauben mit Nichtwissen gleichsetzt.

Der Glaube ist bei diesem Dichter keine formale Behauptung. Er erwartet alles von Gott – auch in den Dimensionen, die über sein individuelles Schicksal hinausgehen. „Was haben wir auf dieser ganzen Erd", das nicht von Gott stammte? Himmel, Felder, Regen, Schutz vor Kälte, Öl und Most als Zeichen einer reichen Ernte, Frieden im Land. Dies alles mündet ein in die – rhetorische – Frage: „Wer gibt uns Leben?" Da kann die Antwort nur lauten: Gott.

Diese Selbstsicherheit und Gewissheit, das Gute, das wir erleben, mit Gott in Verbindung zu bringen, ist uns in vielen Bereichen verloren gegangen. Allzu oft wurde Gott durch den Homo Faber ersetzt. Wozu noch Gott? Das können wir doch selbst!

12. Woche

7. Ach Herr, mein Gott, das kommt von dir,
du, du musst alles tun,
du hältst die Wach an unsrer Tür
und lässt uns sicher ruhn.

8. Du nährest uns von Jahr zu Jahr,
bleibst immer fromm und treu
und stehst uns, wenn wir in Gefahr
geraten, treulich bei.

9. Du strafst uns Sünder mit Geduld
und schlägst nicht allzusehr,
ja endlich nimmst du unsre Schuld
und wirfst sie in das Meer.

10. Wenn unser Herze seufzt und schreit,
wirst du gar leicht erweicht
und gibst uns, was uns hoch erfreut
und dir zur Ehr gereicht.

11. Du zählst, wie oft ein Christe wein
und was sein Kummer sei;
kein Zähr- und Tränlein ist so klein,
du hebst und legst es bei.

12. Du füllst des Lebens Mangel aus
mit dem, was ewig steht,
und führst uns in des Himmels Haus,
wenn uns die Erd entgeht.

Alles kommt von Gott. So sieht es der Liederdichter. Können Sie das glauben? Er erfüllt die Bedürfnisse des Lebens. Alle – ohne Ausnahme. Das ist kein theoretisches Philosophieren, sondern es folgen anschauliche Bilder: Gott wacht vor der Tür, damit wir uns sicher fühlen und ruhig schlafen können. Gott sorgt dafür, dass wir ausreichend Nahrung haben. Gott schützt uns vor Gefahr. Und obwohl wir so sind, wie Menschen nun einmal sind – nicht selten unausstehlich –, „straft" er uns mit Geduld! Mehr noch: Unser Versagen, unsere Schuld kreidet er uns nicht an, sondern wischt sie mit einem Handstreich vom Tisch. Gott tröstet uns über die Maßen. Gott lässt sich sogar erweichen. Doch auch damit noch nicht genug: Gott füllt „des Lebens Mangel aus". Und er führt uns schließlich zu sich, wenn unser Leben hier zu Ende ist. Da legt sich die Vermutung nahe: Wenn Gott uns auf Erden Gutes will, dann kommt sogar noch etwas Besseres nach.

Paul Gerhardt ist kein frommer Phantast. Was er in diesem Lied schildert, entspricht seiner Glaubens- und Lebenserfahrung. Es fällt schwer, ihm darin so unmittelbar zu folgen. Vielleicht liegt es daran, dass wir Gott nichts mehr zutrauen. Der Glaube, der Berge versetzen kann, so das Sprichwort, ist vielleicht ein zu kühnes Bild, als dass Menschen wagten, es für wahr zu halten.

13. Woche

13. Wohlauf, mein Herze, sing und spring
und habe guten Mut!
Dein Gott, der Ursprung aller Ding,
ist selbst und bleibt dein Gut.

14. Er ist dein Schatz, dein Erb und Teil,
dein Glanz und Freudenlicht,
dein Schirm und Schild, dein Hilf und Heil,
schafft Rat und lässt dich nicht.

15. Was kränkst du dich in deinem Sinn
und grämst dich Tag und Nacht?
Nimm deine Sorg und wirf sie hin
auf den, der dich gemacht.

16. Hat er dich nicht von Jugend auf
versorget und ernährt?
Wie manches schweren Unglücks Lauf
hat er zurückgekehrt!

17. Er hat noch niemals was versehn
in seinem Regiment,
nein, was er tut und lässt geschehn,
das nimmt ein gutes End.

18. Ei nun, so lass ihn ferner tun
und red ihm nicht darein,
so wirst du hier im Frieden ruhn
und ewig fröhlich sein.

Paul Gerhardt scheint zu ahnen, dass seine Verse mit diesem kühnen Inhalt vielleicht doch nicht vollständig überzeugen. So nimmt er noch einmal Anlauf. Sei guten Mutes! Das ist seine lapidare Empfehlung. Wie geht es Ihnen damit?

Er redet jedoch keinem blinden Optimismus das Wort. Er weiß, dass Leben gefährdet ist. Das hat er in seinem engsten Umfeld erlebt. Vier seiner fünf Kinder starben, auch seine Frau. Das einzige Netz, in das er fallen kann, ist sein Glaube. Und dieses Netz reißt nicht. Der Glaube bewahrt vor dem Sturz ins Bodenlose. Das hat er am eigenen Leibe erfahren.

Wie sollen wir leben? Gelassen! Darin steckt das Loslassen-Können. Es hat gar keinen Sinn, sich zu grämen, sich Tag und Nacht Gedanken zu machen, sich selbst zu quälen. Wir sollen uns ent-sorgen, alle Sorgen auf Gott werfen – und ihm noch hinterher rufen: „Kümmere du dich darum!"

Schauen Sie auf Ihr Leben und entdecken Sie die Segensspur bei sich selbst! Sehen Sie nicht, dass so vieles ein gutes Ende genommen hat, auch wenn Sie es so nicht erwartet haben? Vertrauen Sie ganz auf Gott, als könnten Sie selbst nichts tun. Vor allem aber: Seien Sie fröhlich! Machen Sie es wie der Finanzminister (Apostelgeschichte 8,26–39), der, nachdem er Christ wurde, seine Straße fröhlich zog. Wer glaubt, lebt gelassen.

14. Woche

EG 83 ***Ein Lämmlein geht und trägt die Schuld***

1. Ein Lämmlein geht und trägt die Schuld
der Welt und ihrer Kinder;
es geht und büßet in Geduld
die Sünden aller Sünder;
es geht dahin, wird matt und krank,
ergibt sich auf die Würgebank,
entsaget allen Freuden;
es nimmet an Schmach, Hohn und Spott,
Angst, Wunden, Striemen, Kreuz und Tod
und spricht: „Ich will's gern leiden."
Jes 53,4–7

2. Das Lämmlein ist der große Freund
und Heiland meiner Seelen;
den, den hat Gott zum Sündenfeind
und Sühner wollen wählen:
„Geh hin, mein Kind, und nimm dich an
der Kinder, die ich ausgetan
zur Straf und Zornesruten;
die Straf ist schwer, der Zorn ist groß,
du kannst und sollst sie machen los
durch Sterben und durch Bluten."

3. „Ja, Vater, ja von Herzensgrund,
leg auf, ich will dir's tragen;
mein Wollen hängt an deinem Mund,
mein Wirken ist dein Sagen."
O Wunderlieb, o Liebesmacht,

du kannst – was nie kein Mensch gedacht –
Gott seinen Sohn abzwingen.
O Liebe, Liebe, du bist stark,
du streckest den in Grab und Sarg,
vor dem die Felsen springen*.

** Mt 27,52*

Warum muss ein unschuldiger Mensch dafür sterben, dass Gott uns unsere Sünden vergibt? Diese Frage hat Sie vielleicht auch schon einmal beschäftigt. Braucht Gott Opfer? Nein, Gott braucht keine Opfer. Aber wir haben es nötig, dass Gott uns und unsere Welt, die Opfer über Opfer produziert, nicht aufgibt. Wir brauchen es, dass Gott uns gnädig zugewandt bleibt. Es geht nicht darum, dass mit dem Tod Jesu am Kreuz ein böser, despotischer Gott gnädig gestimmt werden müsste. Vielmehr geht es darum, dass Gott es mit dem Tod dieses einen für alle gut sein lässt.

Jesu Opfertod für die Sünden der Menschen ist ein Akt der Stellvertretung – einer macht etwas, was anderen zugutekommt. Ein Mechanismus, wie er sich tagtäglich im Leben vielfältig vollzieht. Die Stellvertretung Jesu war nicht nur ein Akt, der in der damaligen Situation dem mitangeklagten Barrabas zugutekam, der – so war es Volkes Wille – begnadigt wurde. Dafür wurde Jesus ans Kreuz geschlagen. Es ist eine Stellvertretung über alle Zeiten hinweg.

Ein Beispiel aus unserer Zeit, das die Wirkung eines Aktes der Stellvertretung anschaulich macht: Als Willy Brandt vor dem Mahnmahl des Warschauer Gettos kniete, war dies unmissverständlich als ein Akt der Buße anzusehen, der Folgen hatte – und zwar positive für den Prozess der Versöhnung zwischen Polen und Deutschen.

15. Woche

4. Mein Lebetage will ich dich
aus meinem Sinn nicht lassen,
dich will ich stets, gleich wie du mich,
mit Liebesarmen fassen.
Du sollst sein meines Herzens Licht,
und wenn mein Herz in Stücke bricht,
sollst du mein Herze bleiben;
ich will mich dir, mein höchster Ruhm,
hiermit zu deinem Eigentum
beständiglich verschreiben.

5. Ich will von deiner Lieblichkeit
bei Nacht und Tage singen,
mich selbst auch dir nach Möglichkeit
zum Freudenopfer bringen.
Mein Bach des Lebens soll sich dir
und deinem Namen für und für
in Dankbarkeit ergießen;
und was du mir zugut getan,
das will ich stets, so tief ich kann,
in mein Gedächtnis schließen.

6. Das soll und will ich mir zunutz
zu allen Zeiten machen;
im Streite soll es sein mein Schutz,
in Traurigkeit mein Lachen,
in Fröhlichkeit mein Saitenspiel;
und wenn mir nichts mehr schmecken will,
soll mich dies Manna speisen;

im Durst soll's sein mein Wasserquell,
in Einsamkeit mein Sprachgesell
zu Haus und auch auf Reisen.

7. Wenn endlich ich soll treten ein
in deines Reiches Freuden,
so soll dein Blut mein Purpur sein,
ich will mich darein kleiden;
es soll sein meines Hauptes Kron,
in welcher ich will vor den Thron
des höchsten Vaters gehen
und dir, dem er mich anvertraut,
als eine wohlgeschmückte Braut
an deiner Seite stehen.

„So sehr hat Gott die Welt geliebt, dass er seinen eingeborenen Sohn gab, damit alle, die an ihn glauben, nicht verloren werden, sondern das ewige Leben haben." Johannes 3,16 ist die biblische Zusammenfassung in einem Vers, die die Frage beantwortet, warum Jesus so schrecklich am Kreuz sterben, warum dieses Opfer sein musste.

„Hast du mich lieb?", fragt der vierjährige Tim seine Mutter. Und die antwortet: „Ja, ganz doll!" „Wie doll?" – „So doll", sagt sie und breitet ihre Arme aus, so weit es geht. Und Tim springt in diese ausgebreiteten Arme hinein. Das ist ein alltägliches Ritual geworden. Eine Geste, die diesem Kind Vertrauen vermittelt, die Zuversicht und Freude am Leben wecken will. Mit den Worten „So sehr", beginnt der Satz aus dem Johannesevangelium. So unergründlich, so unerforschlich, so hartnäckig, so tief. Es gibt viele Möglichkeiten, diesen Satz zu beginnen. Er ist Evangelium pur – frohe, aufmunternde Botschaft.

Gott will, dass unser Leben glückt, dass jeder und jede Sinn darin findet. Und er will, dass unser Verhältnis zu ihm gut ist, ungetrübt. So sehr will er das, dass ihm dafür nichts zu schade ist. Nicht einmal sein eigener Sohn. So sehr liebt Gott diese Welt. So sehr liebt er mich. Diese Botschaft füllt unsere Defizite. In der unnachahmlichen Dichtersprache: „in Traurigkeit mein Lachen", im Durst meine Wasserquelle, in meiner Einsamkeit das mich aufrichtende Wort.

16. Woche

EG 85 ***O Haupt voll Blut und Wunden***

1. O Haupt voll Blut und Wunden,
voll Schmerz und voller Hohn,
o Haupt, zum Spott gebunden
mit einer Dornenkron,
o Haupt, sonst schön gezieret
mit höchster Ehr und Zier,
jetzt aber hoch schimpfieret:
gegrüßet seist du mir!

2. Du edles Angesichte,
davor sonst schrickt und scheut
das große Weltgewichte:
wie bist du so bespeit,
wie bist du so erbleichet!
Wer hat dein Augenlicht,
dem sonst kein Licht nicht gleichet,
so schändlich zugericht'?

3. Die Farbe deiner Wangen,
der roten Lippen Pracht
ist hin und ganz vergangen;
des blassen Todes Macht
hat alles hingenommen,
hat alles hingerafft,
und daher bist du kommen
von deines Leibes Kraft.

4. Nun, was du, Herr, erduldet,
ist alles meine Last;
ich hab es selbst verschuldet,
was du getragen hast.
Schau her, hier steh ich Armer,
der Zorn verdienet hat.
Gib mir, o mein Erbarmer,
den Anblick deiner Gnad.

Dies wohl bekannteste Passionslied ist im Stil eines Liebesliedes komponiert – ein Liebeslied auf den leidenden Christus. Paul Gerhardt übersetzt hier Strophen von Arnulf von Löwen und zeichnet das Gesicht Jesu in einer Nahaufnahme. Kein Detail wird ausgelassen: Auge, Wangen, Lippen – was zuvor Anmut ausgestrahlt hat, ist nun bis zur Unkenntlichkeit entstellt.

Wie hat Jesus ausgesehen? Diese Frage löst seit jeher Spekulationen aus. Der Maler Marc Chagall sieht ihn so:

Du hast meine Hände erfüllt
mit Farben und Pinseln.
Ich weiß nicht, wie ich dich malen soll.
Gilt es, die Erde zu malen,
den Himmel, mein Herz?
Die Städte im Feuer?
Die fliehenden Menschen?
Meine Augen in Tränen?
Wohin fliehen? Wohin fliehen?
Der hier unten das Leben gibt,
der den Tod aussendet,
vielleicht wird er es fügen,
dass mein Bild leuchtet.

Das Besondere des Sterbens Jesu ist nicht in der Grausamkeit seines Todeskampfes zu sehen. Entscheidend ist vielmehr, dass Gott in Christus die Welt mit sich selber versöhnt. Mit seinem schuldlosen, gewaltsamen Sterben am Kreuz richtet Jesus unter uns das Wort von der Versöhnung auf.

Eigentlich müssten Sie und ich an Jesu Stelle stehen – jeder/jede Einzelne. Aber, so heißt es bei Jesaja: „Die Strafe liegt auf ihm, auf dass wir Frieden hätten, und durch seine Wunden sind wir geheilt" (53,4 f.).

Quelle Chagall-Zitat (links): http://www.we-wi-we.de/predigten_o_haupt_voll_blut_und_wunden.htm (Internet)

17. Woche

5. Erkenne mich, mein Hüter,
mein Hirte, nimm mich an.
Von dir, Quell aller Güter,
ist mir viel Guts getan;
dein Mund hat mich gelabet
mit Milch und süßer Kost,
dein Geist hat mich begabet
mit mancher Himmelslust.

6. Ich will hier bei dir stehen,
verachte mich doch nicht;
von dir will ich nicht gehen,
wenn dir dein Herze bricht;
wenn dein Haupt wird erblassen
im letzten Todesstoß,
alsdann will ich dich fassen
in meinen Arm und Schoß.

7. Es dient zu meinen Freuden
und tut mir herzlich wohl,
wenn ich in deinem Leiden,
mein Heil, mich finden soll.
Ach möcht ich, o mein Leben,
an deinem Kreuze hier
mein Leben von mir geben,
wie wohl geschähe mir!

8. Ich danke dir von Herzen,
o Jesu, liebster Freund,
für deines Todes Schmerzen,
da du's so gut gemeint.
Ach gib, dass ich mich halte
zu dir und deiner Treu
und, wenn ich nun erkalte,
in dir mein Ende sei.

9. Wenn ich einmal soll scheiden,
so scheide nicht von mir,
wenn ich den Tod soll leiden,
so tritt du dann herfür;
wenn mir am allerbängsten
wird um das Herze sein,
so reiß mich aus den Ängsten
kraft deiner Angst und Pein.

10. Erscheine mir zum Schilde,
zum Trost in meinem Tod,
und lass mich sehn dein Bilde
in deiner Kreuzesnot.
Da will ich nach dir blicken,
da will ich glaubensvoll
dich fest an mein Herz drücken.
Wer so stirbt, der stirbt wohl.

Die Gegensätze könnten nicht größer sein: Der Tod Jesu „dient zu meinen Freuden" – in seinem Leiden liegt mein Heil. Für Paul Gerhardt gibt es da nur eine logische Konsequenz. Er muss sich an diesem Jesus orientieren, in seiner Nähe bleiben, darf ihn nicht aus den Augen verlieren. Für das eigene Leben gibt es kein besseres Sinn-Angebot als dieses. Können Sie das auch für sich selbst sagen? Er ist, um es mit einem Wort aus dem Johannesevangelium zu sagen, die einzige Option: „Christus spricht: Ich bin der Weg und die Wahrheit und das Leben; niemand kommt zum Vater denn durch mich" (14,6).

In der Wirkungsgeschichte dieses Liedes spielt nicht nur dieser Gesichtspunkt eine Rolle. Es ist vor allem die 9. Strophe, die ungezählten Menschen in ihrem Leiden und in der Stunde ihres Todes zu trösten vermochte: „Wenn ich einmal soll scheiden, so scheide nicht von mir." Die Bitte um den Beistand Jesu hat ihren Grund darin, dass ihm kein menschliches Leiden fremd ist. Alles, was mir je widerfahren könnte, hat er bereits durchlitten. Er weiß, was Schmerzen und Verzweiflung sind. Von ihm kommt wahrer Trost. Da wird keine „Kopf-hoch-und-durch"-Mentalität empfohlen, die nicht nur nicht trösten kann, sondern die tiefe Verzweiflung eher noch verstärkt.

Die Hoffnung des Leidenden ist, dass Jesus ihn aus den (Todes-)Ängsten reißt!

18. Woche

EG 112 ***Auf, auf, mein Herz, mit Freuden***

1. Auf, auf, mein Herz, mit Freuden
nimm wahr, was heut geschicht;
wie kommt nach großem Leiden
nun ein so großes Licht!
Mein Heiland war gelegt
da, wo man uns hinträgt,
wenn von uns unser Geist
gen Himmel ist gereist.

2. Er war ins Grab gesenket,
der Feind trieb groß Geschrei;
eh er's vermeint und denket,
ist Christus wieder frei
und ruft Viktoria,
schwingt fröhlich hier und da
sein Fähnlein als ein Held,
der Feld und Mut behält.

3. Das ist mir anzuschauen
ein rechtes Freudenspiel;
nun soll mir nicht mehr grauen
vor allem, was mir will
entnehmen meinen Mut
zusamt dem edlen Gut,
so mir durch Jesus Christ
aus Lieb erworben ist.

Glauben Sie, dass Jesus wirklich auferstanden ist? Kann es eine Auferstehung von den Toten als ein reales Geschehen tatsächlich geben? Für das Neue Testament steht fest, dass es sich bei der Auferstehung Jesu um ein historisches Ereignis handelt, mit dem die Geschichte des Christentums ihren Anfang nahm. Dass Jesus der verheißene Messias ist, lässt sich nur vor dem Hintergrund behaupten, dass er auferweckt wurde. Und wäre er nicht auferweckt worden, so hätte sein Tod keine Heilsbedeutung. Jesus wäre mit seiner Mission gescheitert. „Ist aber Christus nicht auferstanden, so ist unsre Predigt vergeblich, so ist auch einer Glaube vergeblich", ist Paulus überzeugt (1Korinther 15,14).

Die Rede von der Auferstehung beziehungsweise Auferweckung drückt das Geschehen metaphorisch aus. Wie man vom Schlaf aufsteht oder geweckt wird, so soll es analog auch den Toten einmal widerfahren. Mehr noch als Auferstehung drückt Auferweckung aus, dass ein Geschehen am Menschen vollzogen wird, der Objekt ist. Im übertragenen Sinne: dass Gott handelt und nicht der Mensch aus eigenem Vermögen.

Die Antwort auf die Frage nach der Möglichkeit einer Auferstehung von den Toten hängt letztlich damit zusammen, ob nur das geschehen kann, was sich menschlicher Erkenntnis voll und ganz erschließt. Es kommt auf das Wirklichkeitsverständnis an.

19. Woche

4. Die Höll und ihre Rotten,
die krümmen mir kein Haar;
der Sünden kann ich spotten,
bleib allzeit ohn Gefahr.
Der Tod mit seiner Macht
wird nichts bei mir geacht':
er bleibt ein totes Bild,
und wär er noch so wild.

5. Die Welt ist mir ein Lachen
mit ihrem großen Zorn,
sie zürnt und kann nichts machen,
all Arbeit ist verlorn.
Die Trübsal trübt mir nicht
mein Herz und Angesicht,
das Unglück ist mein Glück,
die Nacht mein Sonnenblick.

Jeder Mensch muss einmal sterben. Vor dem Tod ist niemand sicher. Diese banale Einsicht ist zugleich am wenigsten begreiflich. Was bedeutet es, dass wir eine bestimmte Zeit auf der Welt leben, und dann wieder weg sind? Ist mit dem Tod alles aus? Was kommt danach? Die Grenze, die der Tod markiert, ist die radikalste überhaupt. Unbegreiflich, sinnlos, zerstörerisch.

Der Tod ist der letzte Feind, doch wird seine Macht gebrochen. Der Glaubende lebt aus dieser Gewissheit, so dass er dem Tod sogar ins Gesicht lachen kann, wie dies auch Albrecht Goes zum Ausdruck gebracht hat:

Grabschrift

„Mein bist du“
Spricht der Tod
Und will groß Meister sein.
Umsonst –
Mir hat mein Herr
Versprochen: Du bist mein.

Quelle: C.P. Thiede (Hg.): Christliche Literatur des 20. Jahrhunderts, Bd. 1, Wuppertal 1985, S. 25.

20. Woche

6. Ich hang und bleib auch hangen
an Christus als ein Glied;
wo mein Haupt durch ist gangen,
da nimmt er mich auch mit.
Er reißet durch den Tod,
durch Welt, durch Sünd, durch Not,
er reißet durch die Höll,
ich bin stets sein Gesell.

7. Er dringt zum Saal der Ehren,
ich folg ihm immer nach
und darf mich gar nicht kehren
an einzig Ungemach.
Es tobe, was da kann,
mein Haupt nimmt sich mein an,
mein Heiland ist mein Schild,
der alles Toben stillt.

8. Er bringt mich an die Pforten,
die in den Himmel führt,
daran mit güldnen Worten
der Reim gelesen wird:
„Wer dort wird mit verhöhnt,
wird hier auch mit gekrönt;
wer dort mit sterben geht,
wird hier auch mit erhöht."
2.Tim 2,11f.

Der Tod bringt das Ende für jeden Menschen. Aber der christliche Glaube nährt sich von der Hoffnung, dass alles Leben in Gott, dem Schöpfer allen Lebens, aufgehoben ist. Dieser zukünftigen Realität steht die Realität des Endes gegenüber, auf die wir mit mehr oder weniger Angst zusteuern. So sagen es die Theologen in ihrer Sprache. Aber können Sie das so einfach für sich übernehmen? Die Übermacht des Todes lässt sich schließlich nicht einfach wegreden. Die Wucht, mit der sie einen trifft, kann aber dadurch kleiner werden, dass ich mich dem leisen Ton der Glaubensverheißung öffne: Die Dunkelheit über dem Ende eines Lebensweges ist nicht das Letzte.

Dass sich der Horizont öffnet, diese Hoffnung kann sich der Mensch nicht selbst sagen, er muss sie sich sagen lassen. Deshalb gehört zu einer christlichen Beerdigung die Verkündigung des Evangeliums von der Auferweckung Jesu Christi untrennbar dazu. Die Trauer wird nicht heruntergespielt, denn Klage und Bitte werden vor Gott getragen. Der Glaube lässt die Trauer ausdrücklich zu, er hilft, die hoffnungslose Verzweiflung zu überwinden.

„Es münden alle Pfade durch Schicksal, Schuld und Tod doch ein in Gottes Gnade trotz aller unsrer Not. Wir sind von Gott umgeben auch hier in Raum und Zeit und werden mit ihm leben und sein in Ewigkeit“, hat Arno Pötzsch gedichtet (EG 533).

21. Woche

EG 322 ***Nun danket all und bringet Ehr***

1. Nun danket all und bringet Ehr,
   ihr Menschen in der Welt,
   dem, dessen Lob der Engel Heer
   im Himmel stets vermeld't.

2. Ermuntert euch und singt mit Schall
   Gott, unserm höchsten Gut,
   der seine Wunder überall
   und große Dinge tut;

3. der uns von Mutterleibe an
   frisch und gesund erhält
   und, wo kein Mensch nicht helfen kann,
   sich selbst zum Helfer stellt;
   Sir 50,24

4. der, ob wir ihn gleich hoch betrübt,
   doch bleibet guten Muts,
   die Straf erlässt, die Schuld vergibt
   und tut uns alles Guts.

Das zeichnet Christinnen und Christen aus: Sie danken Gott und handeln aus ihrem Glauben. Aus der Sicht von Paul Gerhardt versteht sich das von selbst. Gott verdient, noch ehe wir ihm unsere Bitten und Wünsche vortragen, ein dickes Lob und uneingeschränkten Dank. Der Grund dafür ist unsere Lebenserfahrung. Gottes Fürsorge reicht bis in den Mutterleib zurück. Und selbst in vermeintlich aussichtslosen Situationen kann sich unser Schicksal wenden. Durch niemand anderen als Gott selbst!

Gottes Barmherzigkeit ist auch dann noch spürbar, wenn wir seine Erwartungen – wieder einmal – nicht erfüllt haben. Wenn ich etwa Schuld auf mich geladen habe. Sie würden vielleicht eher sagen: „Ich habe Mist gebaut“ oder: „Jeder macht mal einen Fehler“. Von Sünde und Schuld zu sprechen, empfinden viele nicht mehr als zeitgemäß. Man ist halt so, wie man ist. Zwar spürt jeder Einzelne den Druck zwischen dem „so bin ich“ und „so soll ich (eigentlich) sein“. Aber wird dann nicht oft den gesellschaftlichen Verhältnissen die Schuld gegeben, der falschen Erziehung, den Eltern? Und heißt es nicht: Gott nimmt mich so an, wie ich bin – mit allen Ecken und Kanten? Gewiss – aber wir können uns auch ändern. Ein Neuanfang ist möglich.

22. Woche

5. Er gebe uns ein fröhlich Herz,
erfrische Geist und Sinn
und werf all Angst, Furcht, Sorg und Schmerz
ins Meeres Tiefe hin.

6. Er lasse seinen Frieden ruhn
auf unserm Volk und Land;
er gebe Glück zu unserm Tun
und Heil zu allem Stand.

7. Er lasse seine Lieb und Güt
um, bei und mit uns gehn,
was aber ängstet und bemüht,
gar ferne von uns stehn.

8. Solange dieses Leben währt,
sei er stets unser Heil,
und wenn wir scheiden von der Erd,
verbleib er unser Teil.

9. Er drücke, wenn das Herze bricht,
uns unsre Augen zu
und zeig uns drauf sein Angesicht
dort in der ewgen Ruh.

Die Wunschliste an die Adresse Gottes ist nicht gerade knapp. Ganz obenan steht: Gott gebe uns ein fröhliches Herz. Jedem Menschen. Ohne Ausnahme. Steht dieser Wunsch auch bei Ihnen an erster Stelle? Hier ist es wieder, das Wort, das eine

Grundveranlagung von Christinnen und Christen zu beschreiben scheint. Es kommt bei Paul Gerhardt immer wieder vor. Christen sind fröhliche Menschen. Dass der Dichter um Fröhlichkeit bittet, heißt aber auch, dass ihm auch andere Gefühle vertraut sind: Angst, Furcht, Sorge und Schmerzen können jeden Anflug von Fröhlichkeit im Keim ersticken. Deshalb müssen diese Feinde der Fröhlichkeit entsorgt werden. Die tiefste Stelle des Meeres ist dafür gut genug.

Frieden brauchen wir – im Volk und in unserem Land. Und eine glückliche Hand bei allem, was wir anpacken. Gottes Liebe und Güte mögen uns begleiten – Tugenden, die einen guten Vater und eine gute Mutter auszeichnen. Angst sei fern von uns! Er sei bei uns, solange wir leben. Und auch im Sterben und im Tod soll diese Verbindung halten. Er bleibt bis zum letzten Atemzug und lässt uns nicht alleine.

Wie ist Gott näher zu bestimmen, wie ist sein Name? Diese Frage spielt auch in der Bibel eine Rolle. Gott antwortet Mose: „Ich werde sein, der ich sein werde" (2Mose 3,14). Der jüdische Religionsphilosoph Martin Buber übersetzt diese Bibelstelle: „Ich bin da." Man könnte auch sagen: „Ich bin, der für dich/euch da ist." Oder: „Ich bin, wo du bist."

23. Woche

EG 351 ***Ist Gott für mich, so trete***
Röm 8,31-39

1. Ist Gott für mich, so trete
gleich alles wider mich;
sooft ich ruf und bete,
weicht alles hinter sich.
Hab ich das Haupt zum Freunde
und bin geliebt bei Gott,
was kann mir tun der Feinde
und Widersacher Rott?

2. Nun weiß und glaub ich feste,
ich rühm's auch ohne Scheu,
dass Gott, der Höchst und Beste,
mein Freund und Vater sei
und dass in allen Fällen
er mir zur Rechten steh
und dämpfe Sturm und Wellen
und was mir bringet Weh.

3. Der Grund, da ich mich gründe,
ist Christus und sein Blut;
das machet, dass ich finde
das ewge, wahre Gut.
An mir und meinem Leben
ist nichts auf dieser Erd;
was Christus mir gegeben,
das ist der Liebe wert.
1Kor 3,11

4. Mein Jesus ist mein Ehre,
mein Glanz und schönes Licht.
Wenn der nicht in mir wäre,
so dürft und könnt ich nicht
vor Gottes Augen stehen
und vor dem Sternensitz,
ich müsste stracks vergehen
wie Wachs in Feuershitz.

5. Der, der hat ausgelöschet,
was mit sich führt den Tod;
der ist's, der mich rein wäschet,
macht schneeweiß, was ist rot.
In ihm kann ich mich freuen,
hab einen Heldenmut,
darf kein Gerichte scheuen,
wie sonst ein Sünder tut.

„Ist Gott für uns, wer kann wider uns sein?" Diesen Vers aus dem Römerbrief (8,31) dichtet Paul Gerhardt um: „Ist Gott für mich, so trete gleich alles wider mich." Das verallgemeinernde „uns", in dem sich der Einzelne wiederfinden kann – oder auch nicht – spitzt er zu. Wenn ich die Bibel zur Hand nehme, wenn ich von und über Jesus im Neuen Testament lese, dann geht es ohne Zweifel immer auch um mich. Niemand ist Zuschauer oder Zuschauerin: Der Gott der Bibel ist für mich da!

Und das bleibt nicht ohne Wirkung. Etwa im Blick auf die Frage, was dem Menschen Selbstwertgefühl gibt. Viele dürften darauf antworten: „Der Job, den einer hat." Oder: „Dass ich etwas leiste." Oder: „Dass ich gesund bin." Leben wird als sinnvoll und lebenswert empfunden, wenn einer einen Arbeitsplatz und Erfolg im Beruf hat. Was aber, wenn einer trotz intensivster Bemühungen keine Lehrstelle findet, einer arbeitslos oder krank wird, wenn eine Freundschaft oder Ehe zerbricht? Was aber mache ich, wenn ich merke, dass meine Pläne nicht aufgehen? Bin ich dann wertlos? Die biblische Botschaft von der Rechtfertigung fordert uns auf, mit den Augen Gottes zu sehen. Wir sind mehr als die Summe unserer Taten – und unserer Untaten. Unsere Würde ist uns von Gott gegeben. Sie muss nicht erst hergestellt oder gar verdient werden.

24. Woche

6. Nichts, nichts kann mich verdammen,
nichts nimmt mir meinen Mut:
die Höll und ihre Flammen
löscht meines Heilands Blut.
Kein Urteil mich erschrecket,
kein Unheil mich betrübt,
weil mich mit Flügeln decket
mein Heiland, der mich liebt.

7. Sein Geist wohnt mir im Herzen,
regiert mir meinen Sinn,
vertreibet Sorg und Schmerzen,
nimmt allen Kummer hin;
gibt Segen und Gedeihen
dem, was er in mir schafft,
hilft mir das Abba schreien
aus aller meiner Kraft.
Röm 8,15

8. Und wenn an meinem Orte
sich Furcht und Schrecken find't,
so seufzt und spricht er Worte,
die unaussprechlich sind
mir zwar und meinem Munde,
Gott aber wohl bewusst,
der an des Herzens Grunde
ersiehet seine Lust.
Röm 8,26

9. Sein Geist spricht meinem Geiste
manch süßes Trostwort zu:
wie Gott dem Hilfe leiste,
der bei ihm suchet Ruh,
und wie er hab erbauet
ein edle neue Stadt,
da Aug und Herze schauet,
was es geglaubet hat.

Im Zentrum des Glaubensverständnisses von Paul Gerhardt steht nur dieser Satz: „Der Grund, da ich mich gründe, ist Christus und sein Blut." Ich bin von Gott in Christus voraussetzungslos angenommen. Beim Thema „Rechtfertigung" geht es genau darum. Um die Beziehung zwischen Gott und Mensch, nicht um das, was der Mensch tut oder tun muss, sondern um das, was Gott getan hat. Martin Luther hat die Frage gequält: „Wie bekomme ich einen gnädigen Gott?" Es wird oft gefragt, ob das heute noch eine Überlegung wert ist. Vielleicht ist für Sie die wichtigste Frage die nach dem Sinn Ihres Lebens. Doch auch dieses Thema hat mit Gott zu tun. So sieht es jedenfalls der Glaubende. Im Lichte der Bibel weiß er, dass er den Sinn seines Lebens nicht herstellen, sondern nur dankbar empfangen kann. Ein sinnvolles Leben – das empfinden viele als göttliches Geschenk. Bei Gott kann man sich weder einschmeicheln noch Bonuspunkte sammeln.

Allein dadurch, dass der Mensch auf Christus vertraut, ist er vor Gott gerecht – ohne seine Taten. Das war Luthers Entdeckung, als er sich mit dem Römerbrief des Apostels Paulus (3,28) beschäftigte.

Von Gott gerechtfertigt zu sein, heißt nicht, dass ich die Hände in den Schoß legen kann. Ganz im Gegenteil: Wem bewusst ist, was Gott schon alles zu seinem Heil getan hat, kann sich um so engagierter einem anderen Menschen oder einer Sache zuwenden. Glaube und Handeln gehören untrennbar zusammen.

25. Woche

10. Da ist mein Teil und Erbe
mir prächtig zugericht';
wenn ich gleich fall und sterbe,
fällt doch mein Himmel nicht.
Muss ich auch gleich hier feuchten
mit Tränen meine Zeit,
mein Jesus und sein Leuchten
durchsüßet alles Leid.

11. Die Welt, die mag zerbrechen,
du stehst mir ewiglich;
kein Brennen, Hauen, Stechen
soll trennen mich und dich;
kein Hunger und kein Dürsten,
kein Armut, keine Pein,
kein Zorn der großen Fürsten
soll mir ein Hindrung sein.

12. Kein Engel, keine Freuden,
kein Thron, kein Herrlichkeit,
kein Lieben und kein Leiden,
kein Angst und Fährlichkeit,
was man nur kann erdenken,
es sei klein oder groß:
Der keines soll mich lenken
aus deinem Arm und Schoß.

13. Mein Herze geht in Sprüngen
und kann nicht traurig sein,
ist voller Freud und Singen,
sieht lauter Sonnenschein.
Die Sonne, die mir lachet,
ist mein Herr Jesus Christ;
das, was mich singen machet,
ist, was im Himmel ist.

Der Mensch ist gerechtfertigt – allein aus der Gnade Gottes. Ein sperriger Satz. Geben Sie es ruhig zu! Es geht auch einfacher: Gott liebt den Menschen. Er liebt mich. Und Liebe lässt sich nicht verdienen. Sie ist bedingungslos. Das einzige, was ich tun kann, ist, Gott zu vertrauen. Ich lasse mich von ihm rufen, ich halte ihn für vertrauenswürdig. Der einzige Beitrag, den ich leisten kann, ist, zu Gott Ja zu sagen. Ich verlasse mich auf ihn – im wahrsten Sinne des Wortes: Ich gehe aus mir heraus.

Wie kann die Rechtfertigung im eigenen Leben Gewicht bekommen? Entscheidend ist nicht, was die Leute über mich denken. Entscheidend ist auch nicht, was ich selbst von mir halte. Entscheidend ist auch nicht, was ich leiste, was ich aus mir mache. Entscheidend ist, was Gott von mir denkt und für mich tut. Leben aus der Rechtfertigung heißt, darauf zu vertrauen, dass Gottes Liebe mein Leben trägt, trotz aller Krisen, trotz aller Schuld. Rechtfertigung ist letztlich „Sinnfindung im Sinnlosen“ (Paul Tillich).

Gott nimmt uns bedingungslos an. Auf diese Weise werden wir von jeglichem Zwang befreit, unser Leben durch Leistung, Besitz und Erfolg rechtfertigen zu müssen. Wir erkennen, dass jemand, der unter diesem Zwang lebt, den Sinn seines eigenen Lebens verfehlt. Leistung, Besitz und Erfolg stehen für sich genommen nicht in der Kritik. Aber der Wert menschlichen Lebens kann und darf nicht über sie definiert werden.

26. Woche

EG 133 ***Zieh ein zu deinen Toren***

1. Zieh ein zu deinen Toren,
sei meines Herzens Gast,
der du, da ich geboren,
mich neu geboren hast,
o hochgeliebter Geist
des Vaters und des Sohnes,
mit beiden gleichen Thrones,
mit beiden gleich gepreist.

2. Zieh ein, lass mich empfinden
und schmecken deine Kraft,
die Kraft, die uns von Sünden
Hilf und Errettung schafft.
Entsünd'ge meinen Sinn,
dass ich mit reinem Geiste
dir Ehr und Dienste leiste,
die ich dir schuldig bin.

3. Ich war ein wilder Reben,
du hast mich gut gemacht;
der Tod durchdrang mein Leben,
du hast ihn umgebracht
und in der Tauf erstickt
als wie in einer Flute
mit dessen Tod und Blute,
der uns im Tod erquickt.

4. Du bist das heilig Öle,
dadurch gesalbet ist
mein Leib und meine Seele
dem Herren Jesus Christ
zum wahren Eigentum,
zum Priester und Propheten,
zum König, den in Nöten
Gott schützt vom Heiligtum.

5. Du bist ein Geist, der lehret,
wie man recht beten soll;
dein Beten wird erhöret,
dein Singen klinget wohl,
es steigt zum Himmel an,
es lässt nicht ab und dringet,
bis der die Hilfe bringet,
der allen helfen kann.

6. Du bist ein Geist der Freuden,
von Trauern hältst du nichts,
erleuchtest uns im Leiden
mit deines Trostes Licht.
Ach ja, wie manches Mal
hast du mit süßen Worten
mir aufgetan die Pforten
zum güldnen Freudensaal.

Inspiration, Eingebung, Ahnung – davon zu reden, ist auch in Glaubensfragen angebracht. Die Aufforderung, sich anzustrengen, hilft beim Verstehen des christlichen Glaubens nicht weiter. Wir spüren, dass es beim Sehen-, Hören-, Beten-, Glauben-, Vertrauen- und Lieben-Können nicht um etwas geht, was ich selbst in der Hand habe, sondern dass es ein Geschenk oder Wunder ist, wenn mir „ein Licht aufgeht". Die Quelle der Inspiration nennen Christen den Heiligen Geist. Das Sehen beziehungsweise Erkennen, von dem im Zusammenhang des Glaubens die Rede ist, meint nicht das Vordergründige, sondern den Blick hinter die Kulissen. Es geht um ein Schauen, das tiefer sehen lässt – durch die Brille des Heiligen Geistes. Schließlich heißt es im Glaubensbekenntnis nicht „ich sehe", sondern „ich glaube an den Heiligen Geist".

„Gott hat uns nicht gegeben den Geist der Furcht, sondern der Kraft und der Liebe und der Besonnenheit", heißt es im 2. Timotheusbrief (1,7). Das alles bewirkt er. Der Heilige Geist hilft, Furcht zu überwinden, Angst zu bewältigen, sich von Verzagtheit nicht lähmen zu lassen. Er wird als Kraft (griechisch: *dynamis*) beschrieben. Er weckt in mir die Liebe zu Gott, zu meinem Nächsten und zu mir selbst. Und schließlich: die Besonnenheit. Das klingt sehr nüchtern, geradezu als sollte der Geist in die Schranken gewiesen werden. Er ist ein Freund der Vernunft, schenkt Augenmaß, zeigt mir, wo ich gebraucht werde und wo es einzig auf mich ankommt.

27. Woche

7. Du bist ein Geist der Liebe,
ein Freund der Freundlichkeit,
willst nicht, dass uns betrübe
Zorn, Zank, Hass, Neid und Streit.
Der Feindschaft bist du Feind,
willst, dass durch Liebesflammen
sich wieder tun zusammen,
die voller Zwietracht seind.

8. Du, Herr, hast selbst in Händen
die ganze weite Welt,
kannst Menschenherzen wenden,
wie dir es wohlgefällt;
so gib doch deine Gnad
zu Fried und Liebesbanden,
verknüpf in allen Landen,
was sich getrennet hat.

9. Erhebe dich und steu're
dem Herzleid auf der Erd,
bring wieder und erneu're
die Wohlfahrt deiner Herd.
Lass blühen wie zuvor
die Länder, so verheeret,
die Kirchen, so zerstöret
durch Krieg und Feuerszorn.

10. Beschirm die Obrigkeiten,
richt auf des Rechtes Thron,
steh treulich uns zur Seiten;
schmück wie mit einer Kron
die Alten mit Verstand,
mit Frömmigkeit die Jugend,
mit Gottesfurcht und Tugend
das Volk im ganzen Land.

11. Erfülle die Gemüter
mit reiner Glaubenszier,
die Häuser und die Güter
mit Segen für und für.
Vertreib den bösen Geist,
der dir sich widersetzet
und, was dein Herz ergötzet,
aus unsern Herzen reißt.

12. Gib Freudigkeit und Stärke,
zu stehen in dem Streit,
den Satans Reich und Werke
uns täglich anerbeut.
Hilf kämpfen ritterlich,
damit wir überwinden
und ja zum Dienst der Sünden
kein Christ ergebe sich.

13. Richt unser ganzes Leben
allzeit nach deinem Sinn;
und wenn wir's sollen geben
ins Todes Rachen hin,
wenn's mit uns hier wird aus,

so hilf uns fröhlich sterben
und nach dem Tod ererben
des ewgen Lebens Haus.

Pfingsten – zu diesem Anlass hat Paul Gerhardt dieses Lied geschrieben – feiern wir die Ausgießung des Heiligen Geistes. Wieder ein sperriges Thema. Versuchen wir eine andere Annäherung. Pfingsten markiert die Schwelle zwischen zwei Zeitaltern: Die Zeit des irdischen Jesus ist vorüber. Er starb am Kreuz und wurde auferweckt von den Toten. Mit Pfingsten beginnt ein neuer Abschnitt: die Zeit der Kirche. Es ist die Zeit, in der Menschen durch den Geist Gottes zum Glauben an Jesus Christus zusammengeführt werden. Die Zerstreuung, das Einander-nicht-verstehen-Können, ist vorbei. Pfingsten feiern heißt: Gott kommt – zu uns, zu mir. Der Geist ist nichts Augenfälliges, man kann ihn nicht sehen. Man kann sich auch nicht seine Gedanken über ihn machen. Vielmehr ist er bereits in unseren Gedanken; er ist wie ein Gedanke. Der Heilige Geist ist eine Kraft, die uns auf Gedanken bringt. Er führt zur Einsicht – wer Jesus war, was er gemeint hat, wer ich bin, wie ich sein soll.

Gegen den christlichen Glauben wird heute viel Kritik ins Feld geführt. Und die Lebenserfahrung spricht vielfach auch gegen Gott. Doch es ist gerade der Heilige Geist, der diese Zweifel überwinden will. Der unser Vertrauen wecken will, unseren Glauben daran, dass es eine Macht gibt, die stärker ist als die Wirklichkeit, von der wir uns umgeben sehen. Auf sie sollen wir unser ganzes Leben ausrichten.

28. Woche

EG 503 ***Geh aus, mein Herz, und suche Freud***

1. Geh aus, mein Herz, und suche Freud
in dieser lieben Sommerzeit
an deines Gottes Gaben;
schau an der schönen Gärten Zier
und siehe, wie sie mir und dir
sich ausgeschmücket haben,
sich ausgeschmücket haben.

2. Die Bäume stehen voller Laub,
das Erdreich decket seinen Staub
mit einem grünen Kleide;
Narzissus und die Tulipan,
die ziehen sich viel schöner an
als Salomonis Seide,
als Salomonis Seide.
Mt 6,28f.

3. Die Lerche schwingt sich in die Luft,
das Täublein fliegt aus seiner Kluft
und macht sich in die Wälder;
die hoch begabte Nachtigall
ergötzt und füllt mit ihrem Schall
Berg, Hügel, Tal und Felder,
Berg, Hügel, Tal und Felder.

4. Die Glucke führt ihr Völklein aus,
der Storch baut und bewohnt sein Haus,
das Schwälblein speist die Jungen,

der schnelle Hirsch, das leichte Reh
ist froh und kommt aus seiner Höh
ins tiefe Gras gesprungen,
ins tiefe Gras gesprungen.

5. Die Bächlein rauschen in dem Sand
und malen sich an ihrem Rand
mit schattenreichen Myrten;
die Wiesen liegen hart dabei
und klingen ganz vom Lustgeschrei
der Schaf und ihrer Hirten,
der Schaf und ihrer Hirten.

6. Die unverdrossne Bienenschar
fliegt hin und her, sucht hier und da
ihr edle Honigspeise;
des süßen Weinstocks starker Saft
bringt täglich neue Stärk und Kraft
in seinem schwachen Reise,
in seinem schwachen Reise.

7. Der Weizen wächset mit Gewalt;
darüber jauchzet Jung und Alt
und rühmt die große Güte
des, der so überfließend labt
und mit so manchem Gut begabt
das menschliche Gemüte,
das menschliche Gemüte.

Ja, zu Lebzeiten Paul Gerhardts, da war die Welt noch in Ordnung! Wer das angesichts dieser Strophen denkt, ist jedoch auf dem Holzweg. Der Dreißigjährige Krieg hatte eine Spur der Verwüstung hinterlassen – unter den Menschen und in der Natur. Es ist überliefert, dass Paul Gerhardt das Lied für seine Frau dichtete, als sie eines ihrer Kinder verloren hatte. Sie sollte auf andere Gedanken kommen und sich nicht in ihre Trauer wie in ein Schneckenhaus zurückziehen, sondern aus sich herausgehen. Was sie da gesehen hat, dürfte auch nicht sofort wahre Freuden- und Jubelstürme ausgelöst haben. Sie musste schon die Freude suchen. Dreißig Jahre Krieg hatten sie mit Not und Elend zugedeckt.

„Schau an“ und „siehe“ – die Aufforderung, genau hinzuschauen, hat etwas Beschwörendes. Es mag sein, dass Sie Gottes gute Schöpfung in all ihrer Schönheit nicht auf den ersten Blick (wieder)erkennen. Schauen Sie noch einmal genauer hin! Dann sehen Sie, wie Gott die Welt für Sie geschaffen hat. Lassen Sie sich mitnehmen auf einen langen Spaziergang.

Wunderbar, was dieser Dichter alles entdeckt und geradezu detailverliebt beschrieben hat. Ja, Gott hat alles gut geschaffen. Da kommt man wirklich auf andere Gedanken. Haben Sie es schon einmal ausprobiert?

29. Woche

8. Ich selber kann und mag nicht ruhn,
des großen Gottes großes Tun
erweckt mir alle Sinnen;
ich singe mit, wenn alles singt,
und lasse, was dem Höchsten klingt,
aus meinem Herzen rinnen,
aus meinem Herzen rinnen.

9. Ach, denk ich, bist du hier so schön
und lässt du's uns so lieblich gehn
auf dieser armen Erden:
was will doch wohl nach dieser Welt
dort in dem reichen Himmelszelt
und güldnen Schlosse werden,
und güldnen Schlosse werden!

10. Welch hohe Lust, welch heller Schein
wird wohl in Christi Garten sein!
Wie muss es da wohl klingen,
da so viel tausend Seraphim
mit unverdrossnem Mund und Stimm
ihr Halleluja singen,
ihr Halleluja singen.

Natur beruhigt, sagt man. Wenn Sie selbst derartige Spaziergänge kennen, dann wissen Sie, dass sich die Augen kaum satt sehen können und die Nase die Fülle der Düfte kaum aufnehmen kann. Da fällt es leicht, vom eigenen Schicksal abzusehen. Um so überraschender kommt der Perspektivwechsel.

Plötzlich ist vom Ich des Betrachters die Rede. Wie ist das zu verstehen? Wenn ich den Blick von mir abwende, dann komme ich am Ende doch wieder bei mir an. Ich komme zu mir selbst. Ich sehe mich mit neuen Augen. Möglich wird das durch den Glauben. Er schärft alle meinen Sinne – und meinen Verstand. Glauben hilft sehen, tiefer sehen, hinter die Kulissen schauen. Das ist genau das Gegenteil von dem, was nicht wenige Menschen mit dem Glauben in Verbindung bringen: dass er die Sinne benebelt und wir nicht mehr klar denken können. Paul Gerhardt sieht das ganz anders!

Gottes Gaben und sein „großes Tun“ sind es, die uns in den Jubel einstimmen lassen. Es kommt wie von selbst, aus dem Herzen. Wir können gar nicht anders. Und wenn hier schon alles so wunderbar ist, wie mag es dann erst „nach dieser Welt“ sein? Noch viel herrlicher – was für eine Aussicht!

30. Woche

11. O wär ich da! O stünd ich schon,
ach süßer Gott, vor deinem Thron
und trüge meine Palmen:
So wollt ich nach der Engel Weis
erhöhen deines Namens Preis
mit tausend schönen Psalmen,
mit tausend schönen Psalmen.

12. Doch gleichwohl will ich, weil ich noch
hier trage dieses Leibes Joch,
auch nicht gar stille schweigen;
mein Herze soll sich fort und fort
an diesem und an allem Ort
zu deinem Lobe neigen,
zu deinem Lobe neigen.

13. Hilf mir und segne meinen Geist
mit Segen, der vom Himmel fleußt,
dass ich dir stetig blühe;
gib, dass der Sommer deiner Gnad
in meiner Seele früh und spat
viel Glaubensfrüchte ziehe,
viel Glaubensfrüchte ziehe.

14. Mach in mir deinem Geiste Raum,
dass ich dir werd ein guter Baum,
und lass mich Wurzel treiben.
Verleihe, dass zu deinem Ruhm
ich deines Gartens schöne Blum
und Pflanze möge bleiben,
und Pflanze möge bleiben.

15. Erwähle mich zum Paradeis
und lass mich bis zur letzten Reis
an Leib und Seele grünen,
so will ich dir und deiner Ehr
allein und sonsten keinem mehr
hier und dort ewig dienen,
hier und dort ewig dienen.

„O wär ich da!“ – Wehmut befällt den Dichter. Aber er wechselt noch einmal die Perspektive. Den Blick fest auf ein himmlisches Jenseits gerichtet kehrt er zurück ins Diesseits. Man könnte angesichts der Aussicht auf ein noch schöneres Leben nach dieser Erdenzeit eine Jenseitssehnsucht erwarten, die nur noch auf die Zukunft gerichtet ist. Aber weit gefehlt. Der Blick richtet sich wieder auf die Gegenwart, auf den Ort, an dem der Betrachter unter seines „Leibes Joch“ lebt. Hier wird keiner Weltflucht das Wort geredet. Der das dichtete, stand mit beiden Beinen mitten im Leben. Den Stürmen, denen er sich ausgesetzt sah, konnte er nur standhalten, weil er im Glauben verwurzelt war und diese Wurzeln ihm Halt gaben.

So münden die Gedanken des Betrachters ins Gebet um „Segen, der vom Himmel fleußt“. Gottes Schöpfung zu loben, bedeutet für den Dichter, letztlich selbst ein „guter Baum“, eine „schöne Blum“ zu werden – für Gott. Damit „der Sommer deiner Gnad in meiner Seele früh und spat viel Glaubensfrüchte ziehe". Dies alles hat Gott geschaffen – auch für Sie. So sehr sorgt er sich, dass er nur eines im Sinn hat – Ihnen eine Freude zu bereiten. Der Weg in die Natur kann zu Gott führen. Er macht uns aber nicht zu Einsiedlern, sondern führt uns zu uns selbst und zu unseren Mitmenschen zurück.

31. Woche

EG 449 ***Die güldne Sonne voll Freud und Wonne***

1. Die güldne Sonne
voll Freud und Wonne
bringt unsern Grenzen
mit ihrem Glänzen
ein herzerquickendes, liebliches Licht.
Mein Haupt und Glieder,
die lagen darnieder;
aber nun steh ich,
bin munter und fröhlich,
schaue den Himmel mit meinem Gesicht.

2. Mein Auge schauet,
was Gott gebauet
zu seinen Ehren
und uns zu lehren,
wie sein Vermögen sei mächtig und groß
und wo die Frommen
dann sollen hinkommen,
wann sie mit Frieden
von hinnen geschieden
aus dieser Erden vergänglichem Schoß.

3. Lasset uns singen,
dem Schöpfer bringen
Güter und Gaben;
was wir nur haben,
alles sei Gotte zum Opfer gesetzt!
Die besten Güter

sind unsre Gemüter;
dankbare Lieder
sind Weihrauch und Widder,
an welchen er sich am meisten ergötzt.

4. Abend und Morgen
sind seine Sorgen;
segnen und mehren,
Unglück verwehren
sind seine Werke und Taten allein.
Wenn wir uns legen,
so ist er zugegen;
wenn wir aufstehen,
so lässt er aufgehen
über uns seiner Barmherzigkeit Schein.

Sie kennen vielleicht auch Situationen wie diese: Wenn ich wieder einmal zu viel gearbeitet habe, wieder einmal der völligen Erschöpfung nahe bin, rette ich mich nach draußen – auf einen Platz im Café oder in den Garten. Ich schließe die Augen und lasse die Sonnenstrahlen mein Gesicht wärmen. Tut das gut! Und wenn Sie jetzt sagen: „Das kenne ich, da genieße ich eine Tasse Tee oder Kaffee oder eine Zigarette", dann probieren Sie es doch einmal mit den Strophen dieses Liedes. Sie werden sehen: ein unbeschreibliches Entspannungsprogramm.

Paul Gerhardt bietet Aufmunterndes und Ermutigendes für Seele und Leib. Gewiss, er hat immer sein theologisches Programm, das er in beinahe jedem Lied anbringt. Aber wenn man seine Strophen wie ein Gebet spricht oder am besten singt, dann reagiert darauf auch der Körper. Probieren Sie es aus!

Nach der größten Strapaze bin ich bald wieder locker – und fröhlich. Ich muss nur mit offenen Augen durch diese Welt gehen – und ich treffe überall die Spuren Gottes. Großartiges hat er getan und Großartiges tut er. Darauf ein fröhliches Lied! „Abend und Morgen sind seine Sorgen." – Mit dieser Gelassenheit schläft man ruhig ein und wacht vergnügt wieder auf.

32. Woche

5. Ich hab erhoben
zu dir hoch droben
all meine Sinnen;
lass mein Beginnen
ohn allen Anstoß und glücklich ergehn.
Laster und Schande,
des Satanas Bande,
Fallen und Tücke
treib ferne zurücke;
lass mich auf deinen Geboten bestehn.

6. Lass mich mit Freuden
ohn alles Neiden
sehen den Segen,
den du wirst legen
in meines Bruders und Nähesten Haus.
Geiziges Brennen,
unchristliches Rennen
nach Gut mit Sünde,
das tilge geschwinde
von meinem Herzen und wirf es hinaus.

7. Menschliches Wesen,
was ist's gewesen?
In einer Stunde
geht es zugrunde,
sobald das Lüftlein des Todes drein bläst.
Alles in allen
muss brechen und fallen,

Himmel und Erden,
die müssen das werden,
was sie vor ihrer Erschaffung gewest.

8. Alles vergehet,
Gott aber stehet
ohn alles Wanken;
seine Gedanken,
sein Wort und Wille hat ewigen Grund.
Sein Heil und Gnaden,
die nehmen nicht Schaden,
heilen im Herzen
die tödlichen Schmerzen,
halten uns zeitlich und ewig gesund.

Finden Sie auch den Slogan „Geiz ist geil“ genial? Was spricht schon dagegen, wenn ich nach dem stets günstigsten Preis für die Produkte suche, die ich brauche? Irgendwie müssen doch alle sparen. Nur: Zwischen Sparen und Geiz liegt eine große Kluft. Keine Frage: Sparen ist eine legitime Vor- und Fürsorge. Geiz bedeutet hingegen: Ich habe, was ich brauche – und davon will ich so gut wie nichts abgeben. Im Lichte der Bibel ist Geiz Sünde. Auf der Liste der Untugenden steht umgekehrt auch die Gier, also immer mehr haben zu wollen. Auch die Bereicherung ist eine Untugend. Davon gilt es sich fernzuhalten.

Sind weitere ethische Leitlinien gefragt? Dann lohnt der Blick auf die Zehn Gebote. Sie sind vom Glauben an Gott nicht ablösbar. Dem Zuspruch von Gottes Liebe und Zuwendung zu den Menschen entspricht das verantwortungsvolle Handeln jedes Einzelnen. Gottes- und Nächstenliebe bilden den Rahmen der Zehn Gebote. Der Mensch stiftet sich seine Lebensgrundlagen nicht selbst, sondern nimmt sie als Geschenk, vorgegeben, an. Seine Antwort besteht in einer verantwortlichen Lebensgestaltung, die um die Bedingtheit menschlichen Handelns weiß, die an Sünde und Schuld nicht zerbricht, sondern im Vertrauen auf die freisprechende Gnade Gottes einen Neuanfang möglich macht.

Die Zehn Gebote zeigen – ganz allgemein – Maßstäbe einer menschenwürdigen Gesellschaft auf. Worte, die einengen? Keineswegs. Vielmehr Worte der Freiheit.

33. Woche

9. Gott, meine Krone,
vergib und schone,
lass meine Schulden
in Gnad und Hulden
aus deinen Augen sein abgewandt.
Sonsten regiere
mich, lenke und führe,
wie dir's gefället;
ich habe gestellet
alles in deine Beliebung und Hand.

10. Willst du mir geben,
womit mein Leben
ich kann ernähren,
so lass mich hören
allzeit im Herzen dies heilige Wort:
„Gott ist das Größte,
das Schönste und Beste,
Gott ist das Süßte
und Allergewisste,
aus allen Schätzen der edelste Hort."

11. Willst du mich kränken,
mit Galle tränken,
und soll von Plagen
ich auch was tragen,
wohlan, so mach es, wie dir es beliebt.
Was gut und tüchtig,
was schädlich und nichtig

meinem Gebeine,
das weißt du alleine,
hast niemals keinen zu sehr noch betrübt.

12. Kreuz und Elende,
das nimmt ein Ende;
nach Meeresbrausen
und Windessausen
leuchtet der Sonnen gewünschtes Gesicht.
Freude die Fülle
und selige Stille
wird mich erwarten
im himmlischen Garten;
dahin sind meine Gedanken gericht'.

„Der HERR hat's gegeben, der HERR hat's genommen; der Name des HERRN sei gelobt!" Paul Gerhardt klingt manchmal wie Hiob (1,21). Voller Gleichmut scheint er zu ertragen, was ihm widerfährt. Hiob verkörpert mehr als alle anderen alttestamentlichen Figuren die Frage, warum es so viel Leid gibt. Alle Versuche, diese Frage rational zu beantworten, kann man als gescheitert betrachten. Bleibt am Ende nur die Resignation angesichts der schieren Unlösbarkeit des Problems? Keineswegs. Das Buch Hiob zeigt, dass man nicht verstummen muss. Das Buch ist aber auch kein Versuch, die Wege Gottes zu entschlüsseln und objektiv nachvollziehbar zu machen. Vielmehr zeigt diese Geschichte, wie ein Einzelner mit dem Leiden umgeht.

Warum es Leid gibt – auf diese Frage findet sich in der Bibel keine Antwort. Der Glaube aber bewährt sich im Leiden, trotz oder wegen allen Leidens. Das lässt sich jedenfalls von Menschen lernen, die ihr individuelles Leiden mit ihrem

Glauben an Gott in Verbindung brachten. So klagte einmal die Mystikerin Catarina von Siena Gott in ihren Gebeten an: „Mein Gott, wo warst du, als mein Herz in Finsternis und Todesschatten war?“ Und sie vernahm in dieser Klage die Antwort: „Meine Tochter, hast du es nicht gespürt? Ich war in deinem Herzen.“ Gott ist solidarisch – er freut sich mit den Fröhlichen, er leidet mit den Verzweifelten. Das ist der einzige Trost und die einzige Hoffnung in allem Leiden. Auch für Paul Gerhardt.

34. Woche

EG 446 *Wach auf, mein Herz, und singe*

1. Wach auf, mein Herz, und singe
dem Schöpfer aller Dinge,
dem Geber aller Güter,
dem frommen Menschenhüter.

2. Heut, als die dunklen Schatten
mich ganz umgeben hatten,
hat Satan mein begehret;
Gott aber hat's gewehret.

3. Du sprachst: „Mein Kind, nun liege,
trotz dem, der dich betrüge;
schlaf wohl, lass dir nicht grauen,
du sollst die Sonne schauen."

4. Dein Wort, das ist geschehen:
Ich kann das Licht noch sehen,
von Not bin ich befreiet,
dein Schutz hat mich erneuet.

5. Du willst ein Opfer haben,
hier bring ich meine Gaben:
Mein Weihrauch und mein Widder
sind mein Gebet und Lieder.

6. Die wirst du nicht verschmähen;
du kannst ins Herze sehen;
denn du weißt, dass zur Gabe
ich ja nichts Bessers habe.

Haben Sie eine Vorstellung vom Teufel? Oder – allgemein formuliert – vom Bösen? Und wenn ja, halten Sie es für möglich, dass diese Macht Einfluss auf Ihr Leben gewinnen kann? Die Bibel hat sehr konkrete Vorstellungen vom Teufel. Das griechische Wort *diabolos* – zu Deutsch: Durcheinanderwerfer – lässt ahnen, dass es bei diesem Thema nicht um schwarz oder weiß, sondern um einen Bereich geht, der mit kaum wahrnehmbaren Schattierungen der Farbe grau arbeitet. „Sollte Gott gesagt haben ...", so fragt rhetorisch geschickt die Schlange in der Paradiesgeschichte (1Mose 3,2). Sie säte Misstrauen zwischen Mensch und Gott und gewann so an Einfluss.

Der Hinweis auf den Satan erinnert stark an die Geschichte Hiobs im Alten Testament. Das Böse ist „der dunkle Schatten des Glaubens, den dieser nicht abschütteln kann" (Gerhard Hennig). Er verfolgt alle Menschen, seien sie im Glauben stark oder schwach. Er macht vor Hiob nicht halt, von dem es heißt, dass er fromm war (1,1). Auch nicht vor Petrus (Lukas 22,31). Dass Paul Gerhardt sich ebenfalls vom Teufel bedroht sah – „erprobt im Sieb Satans" – geht deutlich aus der Aufschrift hervor, die das Porträt des Dichters trägt. Darauf ist in der biographischen Skizze zu Beginn dieses Buches näher eingegangen worden.

Da muss ich mich fragen: Gibt Gott auch mich dem Zugriff des Bösen preis? Was werde ich dann alles durchleiden müssen? Ist Gott dann noch der gute Hirte? Gott bleibt in diesem Zusammenhang rätselhaft. Und die Bibel kann dieses Geheimnis nicht lüften.

35. Woche

7. So wollst du nun vollenden
dein Werk an mir und senden,
der mich an diesem Tage
auf seinen Händen trage.

8. Sprich Ja zu meinen Taten,
hilf selbst das Beste raten;
den Anfang, Mitt und Ende,
ach Herr, zum Besten wende.

9. Mich segne, mich behüte,
mein Herz sei deine Hütte,
dein Wort sei meine Speise,
bis ich gen Himmel reise.

Aber was kann man gegen das Böse tun? Sich ganz nahe bei Gott aufhalten. Helmut Gollwitzer hat das einmal so formuliert: „Ich bin in größter Gefahr", und es fällt nicht schwer, darin die von Gerhardt beschriebenen Gefährdungen und Versuchungen zusammengefasst zu sehen. Aber es ist immer wieder tröstlich zu wissen: „Wir sind nicht allein. Wir sind nie allein ... Es kann mir nichts geschehen ... Wir sind geliebter, als wir wissen." Der fürbittende Christus steht auf unserer Seite und tritt für uns ein. Die Perspektive ist also grundsätzlich positiv: „Wir sind in einen Lauf nach vorne mitgenommen, der uns den Atem verschlägt", schreibt Gollwitzer. Sünde, von Gott getrennt zu sein, heißt deshalb für ihn, „nicht mitkommen", die Bitte um Vergebung „deswegen nicht abgehängt werden".

Hoffnung vermag einzig der Glaube zu geben, wie es Albrecht Schönherr auf den Punkt bringt: „1. Christen werden geschüttelt und nicht gestreichelt. 2. In diesem Kampf gibt es keine Helden, nur Gehaltene. 3. Wer selbst getragen wird, kann trösten."

Glaubende sind Realisten. Sie verharmlosen das Böse nicht. Aber sie erstarren nicht in Angst. Mit Martin Luther können sie getrost beten: „Und wenn die Welt voll Teufel wär und wollt uns gar verschlingen, so fürchten wir uns nicht so sehr, es soll uns doch gelingen ... Ein Wörtlein kann ihn fällen" (EG 362,3). So klein ist am Ende seine Macht.

36. Woche

EG 447 *Lobet den Herren alle, die ihn ehren*

1. Lobet den Herren alle, die ihn ehren;
   lasst uns mit Freuden seinem Namen singen
   und Preis und Dank zu seinem Altar bringen.
   Lobet den Herren!

2. Der unser Leben, das er uns gegeben,
   in dieser Nacht so väterlich bedecket
   und aus dem Schlaf uns fröhlich auferwecket:
   Lobet den Herren!

3. Dass unsre Sinnen wir noch brauchen können
   und Händ und Füße, Zung und Lippen regen,
   das haben wir zu danken seinem Segen.
   Lobet den Herren!

4. Dass Feuerflammen uns nicht allzusammen
   mit unsern Häusern unversehns gefressen,
   das macht's, dass wir in seinem Schoß gesessen.
   Lobet den Herren!

5. Dass Dieb und Räuber unser Gut und Leiber
   nicht angetast' und grausamlich verletzet,
   dawider hat sein Engel sich gesetzet.
   Lobet den Herren!

„Lobet den Herren!“ Der erste Gedanke, den Paul Gerhardt denkt, gilt im Grunde immer Gott. Seine Worte sind keineswegs einfach so dahingesprochen, sondern es gibt immer einen oder mehrere Anhaltspunkte. Der Dichter schaut auf sein Leben, reflektiert seine Lage – und stimmt ein Lob auf Gott an.

Die Gründe, die dann im Einzelnen aufgelistet werden, mögen uns banal erscheinen. Mit geradezu ironischem Unterton könnte man die dritte Liedstrophe konterkarieren: „Wer ab einem bestimmten Alter morgens ohne Schmerzen aufwacht, muss tot sein“, heißt es im Volksmund. Ohne Zynismus: Dass ich morgens mit klarem Kopf aufwache und alle meine Glieder bewegen kann, das ist ein Geschenk! Das wird einem meistens erst dann klar, wenn die Beweglichkeit eingeschränkt ist. Schon Zahnschmerzen machen klare Gedanken meist unmöglich. Das mag ein Bandscheibenvorfall sein, der tatsächlich irgendwann der völligen Verlust der Bewegungsfreiheit zur Folge haben kann.

Unabhängig von dem nach wie vor mit Händen zu greifenden Machbarkeitswahn, von dem die Medizin mit ihren immer wieder sensationellen Fortschritten nicht frei ist, wissen wir, dass unser Leben in jeder Sekunde gefährdet ist. Wir wissen, dass unser Haus in Flammen aufgehen und mancher lieb gewordene Besitz zur Beute von Dieben werden kann. Davor bewahrt zu sein, ist nicht selten unverdientes Glück – mit den Worten der Bibel: ein Segen.

37. Woche

6. O treuer Hüter, Brunnen aller Güter,
ach lass doch ferner über unser Leben
bei Tag und Nacht dein Huld und Güte schweben.
Lobet den Herren!

7. Gib, dass wir heute, Herr, durch dein Geleite
auf unsern Wegen unverhindert gehen
und überall in deiner Gnade stehen.
Lobet den Herren!

8. Treib unsern Willen, dein Wort zu erfüllen;
hilf uns gehorsam wirken deine Werke;
und wo wir schwach sind, da gib du uns Stärke.
Lobet den Herren!

9. Richt unsre Herzen, dass wir ja nicht scherzen
mit deinen Strafen, sondern fromm zu werden
vor deiner Zukunft uns bemühn auf Erden.
Lobet den Herren!

10. Herr, du wirst kommen und all deine Frommen,
die sich bekehren, gnädig dahin bringen,
da alle Engel ewig, ewig singen:
„Lobet den Herren!“

Unter Gottes Schutz zu stehen, das weckt den Wunsch, dass es so immer sein möge. Tag und Nacht. Gott als Brunnen aller guten Gaben und Taten – schier unerschöpflich. Das will das Bild vermitteln. Paul Gerhardts Lieder eignen sich als Sprachschule für unser Beten. Sie sind so lebensnah und alltagspraktisch, dass ich sie gut übernehmen kann. „Gib, dass wir heute, Herr, durch dein Geleite auf unsern Wegen unverhindert gehen und überall in deiner Gnade stehen." In diesem einen Satz ist alles eingeschlossen an guten Wünschen, die ich an den anbrechenden Tag habe oder im Blick auf eine ganz wichtige Aufgabe. Und immer wieder die Orientierung auf Gott. Bloß nicht ihn aus dem Blick verlieren!

Als Ziel gibt Paul Gerhardt an, fromm werden zu wollen. Dieses Eigenschaftswort hat heute keinen guten Klang mehr. „Fromm" bedeutet für manche eine aufgesetzte Frömmigkeit, nichts Echtes jedenfalls. Frisch, fromm, fröhlich, frei – dieses Leitmotiv ist heute „out". Warum eigentlich? Frisch heißt: aufmerksam, aufgeweckt; fromm: dem Glauben orientierende Kraft fürs Leben – auch im Alltag – zuzubilligen; fröhlich: zuversichtlich und gelassen zu leben; frei: aus der Freiheit des Glaubens dort zu handeln, wo es auf mich ankommt. Wenn mich nicht alles täuscht, dann sind diese Tugenden „mega in". „Out" ist hingegen, wer das nicht erkennt.

38. Woche

EG 370 ***Warum sollt ich mich denn grämen***

1. Warum sollt ich mich denn grämen?
Hab ich doch Christus noch,
wer will mir den nehmen?
Wer will mir den Himmel rauben,
den mir schon Gottes Sohn
beigelegt im Glauben?

2. Nackend lag ich auf dem Boden,
da ich kam, da ich nahm
meinen ersten Odem;
nackend werd ich auch hinziehen,
wenn ich werd von der Erd
als ein Schatten fliehen.
Hiob 1,21

3. Gut und Blut, Leib, Seel und Leben
ist nicht mein, Gott allein
ist es, der's gegeben.
Will er's wieder zu sich kehren,
nehm er's hin; ich will ihn
dennoch fröhlich ehren.
Hiob 2,10

4. Schickt er mir ein Kreuz zu tragen,
dringt herein Angst und Pein,
sollt ich drum verzagen?
Der es schickt, der wird es wenden;
er weiß wohl, wie er soll
all mein Unglück enden.

5. Gott hat mich in guten Tagen
oft ergötzt; sollt ich jetzt
nicht auch etwas tragen?
Fromm ist Gott und schärft mit Maßen
sein Gericht, kann mich nicht
ganz und gar verlassen.

6. Satan, Welt und ihre Rotten
können mir nichts mehr hier
tun, als meiner spotten.
Lass sie spotten, lass sie lachen!
Gott, mein Heil, wird in Eil
sie zuschanden machen.

Wie geht es Ihnen heute? Sie müssen nicht einer Konvention folgend „gut" sagen. Das tun beinahe alle, wenn sie Smalltalk halten. Was soll man auch sagen? Will mein Gegenüber wirklich hören, dass es mir vielleicht gerade nicht so gut geht? Geschweige denn die Gründe dafür? Tatsächlich hat wohl jeder und jede viele Anlässe, kleinere und größere Klagen zu führen. Was läuft da nicht alles schief? Ärger mit dem Vorgesetzten, den Kollegen. Streit innerhalb der Familie, mit Nachbarn. Und darüber hinaus die latente Unzufriedenheit mit den Entwicklungen in Politik und Gesellschaft. Haben die wirklich alles im Griff? Oder gerät die Welt angesichts der vielen

Konflikte nicht unweigerlich aus den Fugen? Und wie werde ich in zehn, zwanzig, dreißig Jahren leben?

Fragen, die einem Angstschübe versetzen, den Schlaf rauben und die einen mitunter auch buchstäblich in die Verzweiflung treiben können. Paul Gerhardt hält lapidar fest: „Warum sollt ich mich denn grämen? Hab ich doch Christus noch, wer will mir den nehmen?“ Und er fährt fort: „Wer will mir den Himmel rauben ...?“ Den hat er ja schon. Das Beste, was es gibt, ist unverlierbar. So kann nur jemand sprechen, der von seinem Leben auf Erden nicht alles erwartet, sondern eine weitergehende Perspektive hat. Und der – wie Hiob – darauf vertraut, dass Gott ihn nicht überfordert. In diesem unbedingten Vertrauen lebt es sich tatsächlich gelassener.

39. Woche

7. Unverzagt und ohne Grauen
soll ein Christ, wo er ist,
stets sich lassen schauen.
Wollt ihn auch der Tod aufreiben,
soll der Mut dennoch gut
und fein stille bleiben.

8. Kann uns doch kein Tod nicht töten,
sondern reißt unsern Geist
aus viel tausend Nöten,
schließt das Tor der bittern Leiden
und macht Bahn, da man kann
gehn zu Himmelsfreuden.

9. Allda will in süßen Schätzen
ich mein Herz auf den Schmerz
ewiglich ergötzen.
Hier ist kein recht Gut zu finden;
was die Welt in sich hält,
muss im Nu verschwinden.

10. Was sind dieses Lebens Güter?
Eine Hand voller Sand,
Kummer der Gemüter.
Dort, dort sind die edlen Gaben,
da mein Hirt Christus wird
mich ohn Ende laben.

11. Herr, mein Hirt, Brunn aller Freuden,
du bist mein, ich bin dein,
niemand kann uns scheiden.
Ich bin dein, weil du dein Leben
und dein Blut mir zugut
in den Tod gegeben;

12. du bist mein, weil ich dich fasse
und dich nicht, o mein Licht,
aus dem Herzen lasse.
Lass mich, lass mich hingelangen,
da du mich und ich dich
leiblich werd umfangen.

Der Gleichmut, der aus den Liedern Paul Gerhardts spricht, hat etwas Unheimliches. Schließlich hat er Not und Elend so unmittelbar erlebt, dass es verständlich wäre, wollte er von Gott nichts mehr wissen. Gleichmut ist für ihn die höchste Form menschlicher Einsicht, für Sie womöglich Ausdruck von Gleichgültigkeit, Teilnahmslosigkeit, Resignation. All dies kann man dem Dichter aber überhaupt nicht vorwerfen. Wie die Psalmbeter schreit er seine Klage Gott ins Gesicht. Aber er sieht sich im Grundsätzlichen mit seinem Schicksal in seinem Glauben geborgen.

Wenn Sie das Buch Hiob lesen, dann werden Sie feststellen, dass Leiden nicht stumm machen müssen. Allerdings unternimmt diese alttestamentliche Schrift keinen Versuch, die Wege Gottes zu entschlüsseln oder gar allgemein nachvollziehbar zu machen. Der Begriff „Schicksal“ kommt übrigens in der ganzen Bibel kein einziges Mal vor. Hiob ist jedoch ein Beispiel dafür, wie einer mit seinem Schicksal umgeht. Auch wenn die Warum-Frage offen bleibt, so bietet das Hiob-Buch doch diese Antwort: So unverständlich die Welt ist, letztlich liegt sie in Gottes Hand. Rational begründbar ist das nicht. Der Einzelne kann dies nur im Vertrauen auf Gott so annehmen. Und daraus diese Konsequenz ziehen: „Unverzagt und ohne Grauen soll ein Christ, wo er ist, sich stets lassen schauen“ – und Vorbild sein.

40. Woche

EG 361 ***Befiehl du deine Wege***
Psalm 37,5

1. Befiehl du deine Wege
und was dein Herze kränkt
der allertreusten Pflege
des, der den Himmel lenkt.
Der Wolken, Luft und Winden
gibt Wege, Lauf und Bahn,
der wird auch Wege finden,
da dein Fuß gehen kann.

2. Dem Herren musst du trauen,
wenn dir's soll wohlergehn;
auf sein Werk musst du schauen,
wenn dein Werk soll bestehn.
Mit Sorgen und mit Grämen
und mit selbsteigner Pein
lässt Gott sich gar nichts nehmen,
es muss erbeten sein.

3. Dein ewge Treu und Gnade,
o Vater, weiß und sieht,
was gut sei oder schade
dem sterblichen Geblüt;
und was du dann erlesen,
das treibst du, starker Held,
und bringst zum Stand und Wesen,
was deinem Rat gefällt.

4. Weg hast du allerwegen,
an Mitteln fehlt dir's nicht;
dein Tun ist lauter Segen,
dein Gang ist lauter Licht;
dein Werk kann niemand hindern,
dein Arbeit darf nicht ruhn,
wenn du, was deinen Kindern
ersprießlich ist, willst tun.

Die deutsche Rechtschreibung hat so ihre Tücken. Das wird bei dem diesem Lied zu Grunde liegenden Psalmwort deutlich: „Befiehl dem HERRN deine Wege und hoffe auf ihn, er wird's wohlmachen." Auf die Schreibweise des letzten Wortes kommt es an: zusammen oder getrennt? Das ist die Frage. Aus biblischer Perspektive muss man das Wort zusammenschreiben. Es bringt zum Ausdruck, auf welche Weise Gott wirkt. Schreibt man es getrennt, dann heißt es auf einmal: Vielleicht macht Gott alles gut, aber sicher kann ich mir da nicht sein.

Dieses Lied enthält die Quintessenz der Glaubens- und Lebenserfahrung des Dichters. Ja, das Leben ist eine Herausforderung. Mehr noch: Es ist kein Spaziergang, jedenfalls nicht in allen Phasen. Es ist eine Mischung aus Leid und Entbehrung, aber natürlich auch aus Trost und Glück. Ich habe oft Angst. Und mit der muss ich fertig werden. Wem oder welcher Kraft kann ich vertrauen? Dem Leben, wie mancher Werbeslogan suggeriert? Wohl kaum. Da bleiben Enttäuschungen nicht aus. Unbedingtes Vertrauen verdient – so sieht es Paul Gerhardt – nur Gott.

In unübertroffener sprachlicher Schönheit reiht er Trostbild an Trostbild: Was kann Gott nicht alles, da muss es ihm doch ein Leichtes sein, auch Ihnen immer ein Stück Boden unter die Füße zu schieben, dass Sie stehen und gehen können. Und mögen Sie sich manchmal noch so sehr mühen und auf Ihre Kompetenz setzen, so garantiert dies doch nicht den Erfolg.

41. Woche

5. Und ob gleich alle Teufel
hier wollten widerstehn,
so wird doch ohne Zweifel
Gott nicht zurücke gehn;
was er sich vorgenommen
und was er haben will,
das muss doch endlich kommen
zu seinem Zweck und Ziel.

6. Hoff, o du arme Seele,
hoff und sei unverzagt!
Gott wird dich aus der Höhle,
da dich der Kummer plagt,
mit großen Gnaden rücken;
erwarte nur die Zeit,
so wirst du schon erblicken
die Sonn der schönsten Freud.

7. Auf, auf, gib deinem Schmerze
und Sorgen gute Nacht,
lass fahren, was das Herze
betrübt und traurig macht;
bist du doch nicht Regente,
der alles führen soll,
Gott sitzt im Regimente
und führet alles wohl.

8. Ihn, ihn lass tun und walten,
er ist ein weiser Fürst
und wird sich so verhalten,
dass du dich wundern wirst,
wenn er, wie ihm gebühret,
mit wunderbarem Rat
das Werk hinausgeführet,
das dich bekümmert hat.

„Und wenn die Welt voll Teufel wär", hat Martin Luther in seinem Lied „Ein feste Burg ist unser Gott" gedichtet. Mag das Schlimmste, was ich mir vorstellen kann, eintreten, es wird Gott von seinem Ziel nicht abbringen können.

Paul Gerhardt wählt Bilder, in denen ich mich wiederfinden kann. Wenn ich mich vor Wut und Kummer von allem und von allen zurückgezogen habe – wie in eine Höhle, dann führt Gott mich da wieder heraus. Alles ist eine Frage der Zeit. Nichts ist endgültig.

Auf der anderen Seite möchte man dem Dichter zurufen: Du bist ziemlich weltfremd! Sitzt Gott wirklich im Regimente? Die Nachrichten, die täglich an unser Ohr dringen, lassen dies nicht immer vermuten. Andererseits gibt es aber auch eine Geschichte dieser Welt, die zeigt, dass sie nicht gottlos ist: wunderbare Fügungen wie im Herbst 1989, als eine friedliche Revolution Deutschland und die Deutschen veränderte.

Letztlich bleibt nichts, wie es ist. Die Reiche der Mächtigen sind vergänglich. Das Magnifikat, der Lobgesang Marias (Lukas 1,46–55), ist von dieser Glaubensgewissheit geprägt. Leben soll und wird sich so entfalten, wie Gott es will, und nicht so, wie die Reichen und Mächtigen es planten und immer wieder planen. Die Geschichte ist voller Beispiele, wie die Verhältnisse, die menschliches Leben schier unerträglich machten, auf den Kopf gestellt wurden.

42. Woche

9. Er wird zwar eine Weile
mit seinem Trost verziehn
und tun an seinem Teile,
als hätt in seinem Sinn
er deiner sich begeben
und sollt'st du für und für
in Angst und Nöten schweben,
als frag er nichts nach dir.

10. Wird's aber sich befinden,
dass du ihm treu verbleibst,
so wird er dich entbinden,
da du's am mindsten glaubst;
er wird dein Herze lösen
von der so schweren Last,
die du zu keinem Bösen
bisher getragen hast.

11. Wohl dir, du Kind der Treue,
du hast und trägst davon
mit Ruhm und Dankgeschreie
den Sieg und Ehrenkron;
Gott gibt dir selbst die Palmen
in deine rechte Hand,
und du singst Freudenpsalmen
dem, der dein Leid gewandt.

12. Mach End, o Herr, mach Ende
mit aller unsrer Not;
stärk unsre Füß und Hände
und lass bis in den Tod
uns allzeit deiner Pflege
und Treu empfohlen sein,
so gehen unsre Wege
gewiss zum Himmel ein.

„Er wird zwar eine Weile mit seinem Trost verziehn." Gott hört nicht (mehr). Er schweigt. Hat er sich von uns abgewandt? Für immer? Viele Menschen leiden unter dieser Erfahrung. Sie ist schon in meinem kleinen Leben mitunter unerträglich. Aber im Blick auf die Weltgeschichte in besonderer Weise.

Kann man nach Auschwitz noch an Gott glauben? Der jüdische Psychotherapeut und Begründer der Logotherapie, Viktor E. Frankl, sagte einmal in einem Interview auf diese Frage: „Der Glaube an Gott ist entweder ein bedingungsloser, oder es handelt sich nicht um einen Glauben an Gott. Ist er bedingungslos, so wird er auch standhalten, wenn sechs Millionen Menschen dem Holocaust zum Opfer gefallen sind, und ist er nicht bedingungslos, so wird er – um mich der Argumentation Fjodor Dostojewskis zu bedienen – angesichts eines einzigen unschuldigen Kindes, das im Sterben liegt, aufgeben; denn handeln können wir mit Gott nicht, wir können nicht sagen: Bis zu sechstausend oder von mir aus einer Million Holocaust-Opfer erhalte ich meinen Glauben an dich aufrecht; aber von einer Million aufwärts ist nichts zu machen, und – es tut mir leid – ich muss meinen Glauben an dich aufkündigen. Die Fakten sprechen dafür, dass sich ein Aphorismus von La Rochfoucauld bezüglich der Auswirkung der Trennung auf

die Liebe variieren lässt: Gleich dem kleinen Feuer, das vom Sturm gelöscht wird, während das große Feuer von ihm angefacht wird, wird der schwache Glaube von Katastrophen geschwächt, während der starke Glaube aus ihnen gestärkt hervorgeht." Frankl war selbst in Auschwitz interniert.
(U. Hahn, „Sinn suchen – Sinn finden. Was ist Logotherapie?", Göttingen 1994, S. 31f.)

43. Woche

EG 371 *Gib dich zufrieden und sei stille*

1. Gib dich zufrieden und sei stille
in dem Gotte deines Lebens!
In ihm ruht aller Freuden Fülle,
ohn ihn mühst du dich vergebens;
er ist dein Quell und deine Sonne,
scheint täglich hell zu deiner Wonne.
Gib dich zufrieden!

2. Er ist voll Lichtes, Trosts und Gnaden,
ungefärbten, treuen Herzens;
wo er steht, tut dir keinen Schaden
auch die Pein des größten Schmerzens.
Kreuz, Angst und Not kann er bald wenden,
ja auch den Tod hat er in Händen.
Gib dich zufrieden!

3. Wie dir's und andern oft ergehe,
ist ihm wahrlich nicht verborgen;
er sieht und kennet aus der Höhe
der betrübten Herzen Sorgen.
Er zählt den Lauf der heißen Tränen
und fasst zuhauf all unser Sehnen.
Gib dich zufrieden!

4. Wenn gar kein Einz'ger mehr auf Erden,
dessen Treue du darfst trauen,
alsdann will er dein Treuster werden
und zu deinem Besten schauen.

Er weiß dein Leid und heimlich Grämen,
auch weiß er Zeit, dir's abzunehmen.
Gib dich zufrieden!

5. Er hört die Seufzer deiner Seelen
und des Herzens stilles Klagen,
und was du keinem darfst erzählen,
magst du Gott gar kühnlich sagen.
Er ist nicht fern, steht in der Mitten,
hört bald und gern der Armen Bitten.
Gib dich zufrieden!

6. Lass dich dein Elend nicht bezwingen,
halt an Gott, so wirst du siegen;
ob alle Fluten einhergingen,
dennoch musst du oben liegen.
Denn wenn du wirst zu hoch beschweret,
hat Gott, dein Fürst, dich schon erhöret.
Gib dich zufrieden!

Von einem unbekannten Autor stammt der weise Spruch – in Form eines Gebetes: „Herr, gib mir die Gelassenheit, die Dinge hinzunehmen, die ich nicht ändern kann. Verleihe mir den Mut, die Dinge zu ändern, die ich ändern kann. Und schenke mir die Weisheit, das eine vom anderen zu unterscheiden." Das scheint mir ein plausibler Kommentar zu diesem Lied Paul Gerhardts zu sein. Sein Leitmotiv ist der Eingangssatz der ersten Strophe, der zugleich jede Strophe abschließt: „Gib dich zufrieden."

Sind Sie zufrieden: mit Ihrem Leben – im Allgemeinen und im Besonderen? Die Antworten darauf fallen unterschiedlich aus. Meinungsforschungsinstitute finden regelmäßig heraus, dass die eigene Lage in der Regel besser eingeschätzt wird als die gesellschaftliche Situation. Andererseits relativiert sich das Urteil über den Zustand des eigenen Lebens, wenn der Vergleich auf der persönlichen Ebene angestellt wird. Wie geht es mir im Unterschied zu meinem Kollegen, meiner Nachbarin? Die verdient mehr als ich, der fährt das teurere Auto, die können sich einen längeren Urlaub leisten und so weiter.

Dass die einen mehr haben als andere – dies ist nicht das Hauptproblem unserer Gesellschaft, sondern dass ich mich mit anderen vergleiche. Da kann nur Neid aufkommen. Und der ist Gift für das Zusammenleben. Er lässt mir keinen Spielraum, mich an dem zu erfreuen, was ich habe, besitze, kann. Wer unzufrieden ist, lebt in ständiger Anspannung. Auf Dauer kann das nicht gut sein.

44. Woche

7. Was sorgst du für dein armes Leben,
wie du's halten wollst und nähren?
Der dir das Leben hat gegeben,
wird auch Unterhalt bescheren.
Er hat ein Hand, voll aller Gaben,
da See und Land sich muss von laben.
Gib dich zufrieden!

8. Der allen Vöglein in den Wäldern
ihr bescheidnes Körnlein weiset,
der Schaf und Rinder in den Feldern
alle Tage tränkt und speiset,
der wird viel mehr dich Einz'gen füllen
und dein Begehr und Notdurft stillen.
Gib dich zufrieden!

9. Sprich nicht: „Ich sehe keine Mittel,
wo ich such, ist nichts zum Besten."
Denn das ist Gottes Ehrentitel:
helfen, wenn die Not am größten.
Wenn ich und du ihn nicht mehr spüren,
tritt er herzu, uns wohl zu führen.
Gib dich zufrieden!

10. Bleibt gleich die Hilf in etwas lange,
wird sie dennoch endlich kommen;
macht dir das Harren Angst und Bange,
glaube mir, es ist dein Frommen.
Was langsam schleicht, fasst man gewisser,
und was verzieht, ist desto süßer.
Gib dich zufrieden!

11. Nimm nicht zu Herzen, was die Rotten
deiner Feinde von dir dichten;
lass sie nur immer weidlich spotten,
Gott wird's hören und recht richten.
Ist Gott dein Freund und deiner Sachen,
was kann dein Feind, der Mensch, groß machen?
Gib dich zufrieden!

12. Hat er doch selbst auch wohl das Seine,
wenn er's sehen könnt und wollte.
Wo ist ein Glück so klar und reine,
dem nicht etwas fehlen sollte?
Wo ist ein Haus, das könnte sagen:
„Ich weiß durchaus von keinen Plagen"?
Gib dich zufrieden!

13. Es kann und mag nicht anders werden:
alle Menschen müssen leiden;
was webt und lebet auf der Erden,
kann das Unglück nicht vermeiden.
Des Kreuzes Stab schlägt unsre Lenden
bis in das Grab, da wird sich's enden.
Gib dich zufrieden!

14. Es ist ein Ruhetag vorhanden,
da uns unser Gott wird lösen;
er wird uns reißen aus den Banden
dieses Leibs und allem Bösen.
Es wird einmal der Tod herspringen
und aus der Qual uns sämtlich bringen.
Gib dich zufrieden!

15. Er wird uns bringen zu den Scharen
der Erwählten und Getreuen,
die hier mit Frieden abgefahren,
sich auch nun im Frieden freuen,
da sie den Grund, der nicht kann brechen,
den ewgen Mund selbst hören sprechen:
„Gib dich zufrieden!"

Wer möchte das nicht: ein sorgenfreies Leben führen? Doch dieser Idealzustand ist nur auf Augenblicke unseres Daseins beschränkt. Das heißt nicht, dass wir sonst wie Packesel mit schweren Lasten beladen durchs Leben ziehen müssten. Aber die kleineren und größeren Pakete, die jeder und jede mit sich herumträgt, setzen einem ganz schön zu. Jedes hat einen Namen: die zerbrochene Ehe, der Tod der Freundin, die misslungene Prüfung, der Verlust des Arbeitsplatzes, eine quälende Krankheit. „Wo ist ein Haus, das sagen könnte: ‚Ich weiß durchaus von keinen Plagen'?" – „Alle Menschen müssen leiden." Keine gute Aussicht. Es sei denn, ich kann dies alles vor dem Hintergrund des Glaubens sehen.

Von einem gesegneten Leben ist auch dort zu sprechen, wo Lebenspläne nicht aufgehen und Lebensziele nicht erreicht werden. Manchen Scherbenhaufen muss Gott zusammensetzen. So liegt auch im Stückwerk Sinn.

Die Leserin einer Frauenzeitschrift hat es einmal so auf den Punkt gebracht: „Glück ist die Fülle des Lebens ... Das Gelingen und das Scheitern. Wenn all das in meinem Leben ist, dann habe ich ein erfülltes Leben. Nur dann. Wenn ich das Negative nicht annehme, dann kommt es zu dem, was viele Menschen heute sagen: dass sie das Leben nicht spüren." Darum der Rat des Dichters: „Gib dich zufrieden!"

45. Woche

EG 477 *Nun ruhen alle Wälder*

1. Nun ruhen alle Wälder,
Vieh, Menschen, Städt und Felder,
es schläft die ganze Welt;
ihr aber, meine Sinnen,
auf, auf, ihr sollt beginnen,
was eurem Schöpfer wohlgefällt.

2. Wo bist du, Sonne, blieben?
Die Nacht hat dich vertrieben,
die Nacht, des Tages Feind.
Fahr hin; ein andre Sonne,
mein Jesus, meine Wonne,
gar hell in meinem Herzen scheint.

3. Der Tag ist nun vergangen,
die güldnen Sternlein prangen
am blauen Himmelssaal;
also werd ich auch stehen,
wenn mich wird heißen gehen
mein Gott aus diesem Jammertal.

4. Der Leib eilt nun zur Ruhe,
legt ab das Kleid und Schuhe,
das Bild der Sterblichkeit;
die zieh ich aus, dagegen
wird Christus mir anlegen
den Rock der Ehr und Herrlichkeit.

5. Das Haupt, die Füß und Hände
sind froh, dass nun zum Ende
die Arbeit kommen sei.
Herz, freu dich, du sollst werden
vom Elend dieser Erden
und von der Sünden Arbeit frei.

6. Nun geht, ihr matten Glieder,
geht hin und legt euch nieder,
der Betten ihr begehrt.
Es kommen Stund und Zeiten,
da man euch wird bereiten
zur Ruh ein Bettlein in der Erd.

7. Mein Augen stehn verdrossen,
im Nu sind sie geschlossen.
Wo bleibt dann Leib und Seel?
Nimm sie zu deinen Gnaden,
sei gut für allen Schaden,
du Aug und Wächter Israel'.

Ein wohltuendes Bild steht am Anfang: Alles kommt zur Ruhe. Die Welt um mich herum – und auch ich selbst. Für manche Menschen bleibt dies oft ein unerfüllter Wunsch. Sei es, dass sie arbeiten müssen, wenn andere schlafen, weil es ihr Beruf verlangt. Sei es, dass ihr Biorhythmus sie zu ausgesprochenen „Nachtmenschen" macht. Sei es, dass alles Tag und Nacht verfügbar ist: Essen und Trinken, Nachrichten über Fernsehen und Internet. Wie soll man da wirklich abschalten?

Aber auch der in dem Lied angesprochene Mensch schaltet nicht wirklich ab. Er betritt die Brücke zwischen Zeit und Ewigkeit, Welt und Transzendenz, Diesseits und Jenseits. Er nimmt Kontakt auf mit dem Ewigen. Eigentlich ist diese Verbindung immer da, immer gegenwärtig. Man könnte sagen, dass der Glaubende auf „stand by“ geschaltet ist. Bei Bedarf kann er jetzt schon die Verbindung zu einem Leben bei Gott herstellen, auch wenn sie erst später offenbar wird.

Das Ende eines Tages bewusst zu erleben, hat nichts mit einer romantischen Verklärung einer schönen Abendstimmung zu tun. Das Zur-Ruhe-Kommen und Schlafengehen ist Sinnbild für das Loslassen alles Irdischen, für das Sterben – und das Ankommen bei Gott. In allem ist mein Leben umgeben und getragen von Gott selbst.

46. Woche

8. Breit aus die Flügel beide,
o Jesu, meine Freude,
und nimm dein Küchlein ein.
Will Satan mich verschlingen,
so lass die Englein singen:
„Dies Kind soll unverletzet sein.“

9. Auch euch, ihr meine Lieben,
soll heute nicht betrüben
kein Unfall noch Gefahr.
Gott lass euch selig schlafen,
stell euch die güldnen Waffen
ums Bett und seiner Engel Schar.

Der Schlaf kann etwas Bedrohliches haben. Was tue ich, wenn ich schlafe? Wo bin ich da in meinen Gedanken und Träumen? Und werde ich wieder aufwachen? Das Lied schlägt einen beruhigenden Ton an: Wenn Gottes Auge wacht, dann kann der Schlaf kommen.

Die beiden Strophen bilden ein Gebet, dessen erste Strophe an vielen Kinderbetten gesprochen worden sein dürfte. Ich habe das erlebt. Sie auch? Was ging davon für eine großartige Beruhigung aus! Manchmal sehne ich mich in diese Lage zurück: Kind sein, behütet und in allem versorgt sein. Als Erwachsener steht der Mensch irgendwann „auf eigenen Beinen“, wie es heißt – und damit auch in der Situation, für sich selbst sorgen zu müssen. Das Gebet hat damit freilich nicht ausgedient. Das Geborgenheit vermittelnde Bild – die Glucke, die ihre Küken zwischen den Flügeln schützend um sich sammelt und sanft vor sich her treibt – mag heute als Relikt einer längst vergangenen, agrarisch geprägten Gesellschaft gelten. Aus der Sicht des Glaubenden hat es seinen tieferen Sinn nicht verloren. Geborgenheit – dieses Gefühl braucht der Mensch in allen Phasen seines Lebens. Und dieses Leben ist bedroht, ob Sie an den Satan, die Macht des Bösen glauben oder nicht. Jegliches Leben ist gefährdet. Alles kann sich ändern. Von einer Sekunde auf die andere. Dieses Wissen braucht uns aber nicht in Angst oder Panik zu versetzen. Vielmehr können wir auf Gott vertrauen, der dies eine zusagt: Was auch immer geschieht, ich bin bei dir!

Im Gebet bleibe ich nicht bei mir und meinen Bedürfnissen stehen. Der Glaubende denkt immer auch an seine Mitmenschen. Auch ihnen gilt der Zuspruch Gottes.

47. Woche

EG 529 ***Ich bin ein Gast auf Erden***

1. Ich bin ein Gast auf Erden
und hab hier keinen Stand;
der Himmel soll mir werden,
da ist mein Vaterland.
Hier reis ich bis zum Grabe;
dort in der ewgen Ruh
ist Gottes Gnadengabe,
die schließt all Arbeit zu.

2. Was ist mein ganzes Wesen
von meiner Jugend an
als Müh und Not gewesen?
Solang ich denken kann,
hab ich so manchen Morgen,
so manche liebe Nacht
mit Kummer und mit Sorgen
des Herzens zugebracht.

3. Mich hat auf meinen Wegen
manch harter Sturm erschreckt;
Blitz, Donner, Wind und Regen
hat mir manch Angst erweckt;
Verfolgung, Hass und Neiden,
ob ich's gleich nicht verschuld't,
hab ich doch müssen leiden
und tragen mit Geduld.

4. So ging's den lieben Alten,*
an deren Fuß und Pfad
wir uns noch täglich halten,
wenn's fehlt am guten Rat;
sie zogen hin und wieder,
ihr Kreuz war immer groß,
bis dass der Tod sie nieder
legt in des Grabes Schoß.

** Glaubenszeugen*

5. Ich habe mich ergeben
in gleiches Glück und Leid;
was will ich besser leben
als solche großen Leut?
Es muss ja durchgedrungen,
es muss gelitten sein;
wer nicht hat wohl gerungen,
geht nicht zur Freud hinein.

Die Strophen lesen sich wie die Deutung eines Verses aus dem Hebräerbrief: „Denn wir haben hier keine bleibende Stadt, sondern die zukünftige suchen wir" (13,14). Diese vermeintlich banale Einsicht – sie heißt nichts anderes als dass der Mensch nicht ewig lebt, sondern einmal sterben wird – hat den Glauben an Gott von seinen Anfängen an geprägt: Wir sind unterwegs. Glaube hat mit Aufbruch zu tun. Denn, so heißt es im Hebräerbrief, wir haben hier keine bleibende Stadt. Als Glaubende sind wir im Leben noch nicht am Ziel. Die Bibel hat eine Vision der zukünftigen Stadt. Das hat Auswirkungen auf das irdische Leben. Wer in dem Bewusstsein lebt, dass unser Erdendasein nicht alles ist, sondern noch etwas folgt, muss von diesem Leben nicht alles erwarten. Vermutlich haben sich die Gewichte in den letzten Jahren verschoben. Das Unterwegssein hat einen Wert ganz eigener Art bekommen. Die aus dem Buddhismus kommende Weisheit „Der Weg ist das Ziel“ ist inzwischen auch unter Christinnen und Christen zu einer Glaubensüberzeugung geworden. Zu Unrecht! Denn der Weg ist nicht schon das Ziel, sonst wäre das Unterwegssein ein Selbstzweck. Vielmehr gilt: Ohne Ziel gibt es keinen Weg.

Christinnen und Christen haben sich von alters her als wanderndes Gottesvolk verstanden, unterwegs zu einem Ziel, ob sie es nun Gott, Himmel oder Reich Gottes nennen. Es war nicht von dieser Welt. Rechnen Sie mit diesem Ziel?

48. Woche

6. So will ich zwar nun treiben
mein Leben durch die Welt,
doch denk ich nicht zu bleiben
in diesem fremden Zelt.
Ich wandre meine Straße,
die zu der Heimat führt,
da mich ohn alle Maße
mein Vater trösten wird.

7. Mein Heimat ist dort droben,
da aller Engel Schar
den großen Herrscher loben,
der alles ganz und gar
in seinen Händen träget
und für und für erhält,
auch alles hebt und leget,
wie es ihm wohlgefällt.

8. Zu dem steht mein Verlangen,
da wollt ich gerne hin;
die Welt bin ich durchgangen,
dass ich's fast müde bin.
Je länger ich hier walle,
je wen'ger find ich Freud,
die meinem Geist gefalle;
das meist ist Herzeleid.

9. Die Herberg ist zu böse,
der Trübsal ist zu viel.
Ach komm, mein Gott, und löse
mein Herz, wenn dein Herz will;
komm, mach ein seligs Ende
an meiner Wanderschaft,
und was mich kränkt, das wende
durch deinen Arm und Kraft.

10. Wo ich bisher gesessen,
ist nicht mein rechtes Haus.
Wenn mein Ziel ausgemessen,
so tret ich dann hinaus;
und was ich hier gebrauchet,
das leg ich alles ab,
und wenn ich ausgehauchet,
so scharrt man mich ins Grab.

11. Du aber, meine Freude,
du meines Lebens Licht,
du ziehst mich, wenn ich scheide,
hin vor dein Angesicht
ins Haus der ewgen Wonne,
da ich stets freudenvoll
gleich wie die helle Sonne
mit andern leuchten soll.

12. Da will ich immer wohnen
– und nicht nur als ein Gast –
bei denen, die mit Kronen
du ausgeschmücket hast;
da will ich herrlich singen

von deinem großen Tun
und frei von schnöden Dingen
in meinem Erbteil ruhn.

„Mein Heimat ist dort droben", dichtet Paul Gerhardt. Das, was diese Sehnsucht nach dem Ziel auslöst, liegt außerhalb der menschlichen Reichweite. Deshalb lohnen die Wechselfälle des Lebens kaum der Beachtung. So sieht es der Glaubende. Man nimmt das Leben in Kauf, zumal man weiß: Es kommt etwas Besseres nach. Diese Vorstellung hat die Geschichte des Christentums bis in unsere Zeit geprägt.

Der Augenarzt Johann Heinrich Jung-Stilling hat vor diesem Hintergrund den sieben Seligpreisungen der Bergpredigt eine achte hinzugefügt: „Selig sind, die Heimweh haben, denn sie werden nach Hause kommen." Und der Theologe und Philosoph Sören Kierkegaard hat auf seinen Grabstein die Inschrift meißeln lassen: „Noch eine kleine Zeit, dann ist's gewonnen, dann ist der ganze Streit in nichts zerronnen, dann werde ich laben mich an Lebensbächen und ewig, ewiglich mit Jesus sprechen."

Das Lebensgefühl vieler Menschen heute wird von der Vorstellung geprägt: „Wir wollen alles und noch ein bisschen mehr. Und das sofort." Was bedeutet das für den christlichen Glauben? Wenn seine visionäre Kraft erlahmt ist, dann taugt er bestenfalls noch als Reparaturbetrieb. Die biblische Verheißung lautet nicht, dass unterwegs Wunden verbunden werden. Wäre es nur dies, dann würde sich das Christsein nicht lohnen. Und das Christentum hätte nicht diese, schon über zwei Jahrtausende wirkende, Anziehungskraft entwickelt.

49. Woche

Paul Gerhardts Testament I

„Nachdem ich nunmehr des 70. Jahr meines Alters erreicht, auch dabei die fröhliche Hoffnung habe, dass mein lieber frommer Gott mich in kurzem aus dieser Welt erlösen und in ein besseres Leben führen werde, als ich bisher auf Erden gehabt habe: so danke ich ihm zuvörderst für alle seine Güte und Treue, die er mir von meiner Mutter Leibe an bis auf jetzige Stunde an Leib und Seele und an allem, was er mir gegeben, erwiesen hat.

Daneben bitte ich von Grund meines Herzens, er wolle mir, wenn mein Stündlein kommt, eine fröhliche Abfahrt verleihen, meine Seele in seine väterlichen Hände nehmen, und dem Leibe eine sanfte Ruhe in der Erde bis zu dem lieben jüngsten Tage bescheren, da ich mit allen Meinigen, die nur vor mir gewesen und auch künftig nach mir bleiben möchten, wieder erwachen und meinen lieben Herrn Jesum Christum, an welchen ich bisher geglaubet und ihn doch nie gesehen habe, von Angesicht zu Angesicht schauen werde.

Meinem einzigen hinterlassenen Sohne überlasse ich von irdischen Gütern wenig, dabei aber einen ehrlichen Namen, dessen er sich sonderlich nicht wird zu schämen haben.

Es weiß mein Sohn, dass ich ihn von seiner zarten Kindheit an dem Herrn meinem Gott zu eigen gegeben, dass er ein Diener und Prediger seines heiligen Wortes werden soll. Dabei soll er nun bleiben und sich daran nicht kehren, dass er nur wenig gute Tage dabei haben möchte; denn da weiß der liebe Gott schon Rat zu und kann das äußerliche Trübsal mit inniglicher Herzenslust und Freudigkeit des Geistes genugsam ersetzen.

Die heilige Theologiam studiere in reinen Schulen und auf unverfälschten Universitäten, und hüte dich ja vor Synkretisten, denn sie suchen das Zeitliche und sind weder Gott noch Menschen treu."

Nein, Paul Gerhardt beschönigt nichts. In seinem Testament für seinen Sohn, das er im Frühjahr 1676 formulierte, spricht er die Erwartung aus, nach seinem Tod in ein „besseres Leben" geführt zu werden. Das mag man bei Menschen seiner Zeit für nicht ungewöhnlich halten. Das Leben im Hier und Jetzt – ein Jammertal. Es war von Krieg, Seuchen, Hunger, Tod und andere Katastrophen geprägt. Die Frage ist, wie er damit umgegangen ist.

Der Dichter bleibt seinem Lebensmotto treu: Wer lebt, lobt – und wer lobt, lebt. Er dankt Gott für seine Güte und Treue von Kindesbeinen an. So oder so ähnlich hat er es in vielen seiner Lieder formuliert. Ruht ein Mensch so in seinem Glauben, kann er viel oder (fast) alles ertragen. Er sieht sich eingebunden in eine große Kette von Glaubenszeugen, für die dies praktisch selbstverständlich war.

Diese unmittelbare Gottesbeziehung mutet heute fast etwas naiv an. Kann man heute an Gott glauben? Schließlich ist seine Existenz – ungeachtet aller Versuche – nie bewiesen worden. Aber auch das Gegenteil ist richtig: Dass es Gott nicht gibt, lässt sich auch nicht beweisen. So bleibt der christliche Glaube eine prägende Kraft über Generationen hinweg – bis heute. Für Paul Gerhardt gibt es keine Alternative zu Gott, ungeachtet aller Widerfahrnisse. Das ist die Lebenserfahrung, die er als Vermächtnis an seinen Sohn weitergibt.

50. Woche

Paul Gerhardts Testament II

„In deinem gemeinen Leben folge nicht böser Gesellschaft, sondern dem Willen und Befehl deines Gottes. Insonderheit

1. tue nichts Böses, in der Hoffnung, es werde heimlich bleiben, denn es wird nichts so klein gesponnen, es kommt an die Sonnen.
2. Außer deinem Amte und Berufe erzürne dich nicht. Merkst du dann, dass der Zorn dich erhitzet habe, so schweige stockstille und rede nicht eher ein Wort, bis du ernstlich die 10 Gebote und den christlichen Glauben bei dir ausgebetet hast.
3. Der fleischlichen sündlichen Lüste schäme dich, und wenn du dermaleinst zu solchen Jahren kommst, dass du heiraten kannst, so heirate mit Gott und gutem Rat frommer, getreuer und verständiger Leute.
4. Tue Leuten Gutes, ob sie dir es gleich nicht zu vergelten haben, denn was Menschen nicht vergelten können, das hat der Schöpfer Himmels und der Erden längst vergolten, da er dich erschaffen hat, da er dir seinen lieben Sohn geschenket hat, und da er dich in der heiligen Taufe zu seinem Kinde und Erben auf- und angenommen hat.
5. Den Geiz fleuch als die Hölle, lass dir genügen an dem, was du mit Ehren und gutem Gewissen erworben hast, ob es gleich nicht allzu viel ist. Beschert dir aber der liebe Gott ein Mehreres, so bitte ihn, dass er dich vor dem leidigen Missbrauche des zeitlichen Gutes bewahren wolle. Summa, bete fleißig, studiere was Ehrliches, lebe friedlich, diene redlich und bleibe in deinem Glauben und Bekenntnis

beständig, so wirst du einmal auch sterben und von dieser Welt scheiden willig, fröhlich und seliglich. Amen."

Was würden Sie Ihren Kindern, Ihren Freunden als (Glaubens-) Überzeugung hinterlassen? In der Bibel findet sich eine Entsprechung zu dem, was Paul Gerhardt formulierte: „Ich aber und mein Haus wollen dem Herrn dienen", heißt es in Josua 24,15. Ein Wort, das mit großer Entschiedenheit gesprochen ist. Was auch immer andere tun mögen, ich habe mich für diesen Weg entschieden. Das Bibelwort stammt von Josua, dem Mose die Leitung des Volkes Israel übertragen hatte. Nach einigen Jahren in der neuen Heimat scheint eine neue Epoche zu beginnen. Josua hat dies gespürt und sein Vermächtnis formuliert. Auf die unausgesprochene Frage, woran sich die Menschen in Zukunft orientieren sollen, gibt es nur eine Antwort: an den guten Geboten Gottes, an seiner Lebensordnung.

Welche Schlüsse ziehen Sie aus dem Vermächtnis Paul Gerhardts? Vielleicht diesen einen: Der Glaube an Gott hat mit prinzipiellen Entscheidungen zu tun, die nicht zur Disposition gestellt werden (können), sonst würde das Fundament, auf dem der Glaube ruht, ins Wanken geraten oder gar zerstört werden.

Beten, Frieden mit allen suchen, redlich leben und sich an den Grundüberzeugungen des christlichen Glaubens orientieren – das hat sich keineswegs überlebt, sondern hilft Menschen bis heute: zum Glauben und zum Leben. Probieren Sie es aus!

51. Woche

EG 36 *Fröhlich soll mein Herze springen*

1. Fröhlich soll mein Herze springen
dieser Zeit, da vor Freud
alle Engel singen.
Hört, hört, wie mit vollen Chören
alle Luft laute ruft:
Christus ist geboren!

2. Heute geht aus seiner Kammer
Gottes Held, der die Welt
reißt aus allem Jammer.
Gott wird Mensch dir, Mensch, zugute,
Gottes Kind, das verbind't
sich mit unserm Blute.

3. Sollt uns Gott nun können hassen,
der uns gibt, was er liebt
über alle Maßen?
Gott gibt, unserm Leid zu wehren,
seinen Sohn aus dem Thron
seiner Macht und Ehren.

4. Er nimmt auf sich, was auf Erden
wir getan, gibt sich dran,
unser Lamm zu werden,
unser Lamm, das für uns stirbet
und bei Gott für den Tod
Gnad und Fried erwirbet.

5. Nun er liegt in seiner Krippen,
ruft zu sich mich und dich,
spricht mit süßen Lippen:
„Lasset fahrn, o liebe Brüder,
was euch quält, was euch fehlt;
ich bring alles wieder."

Die Botschaft, dass Gott Mensch geworden ist, ist wirklich „Evangelium" – zu Deutsch: frohe Botschaft. Wozu der ganze Aufwand? Unseretwegen macht er das – „dir, Mensch, zugute". Das ist persönlich gemeint. Es geht um mich! Auch um die anderen. Aber vor allem um dich und mich. Da kann man nicht neutral bleiben.

Die Rede von Gott löst aber – zumeist – kaum (noch) Freude aus. Selbst in der Kirche wirkt manche Freude aufgesetzt. Zugegeben: Es ist ja auch viel leichter, von schwerwiegenden Problemen zu sprechen: zurückgehende Finanzen, Umbau von lieb gewordenen und einst extra so gewollten Strukturen. Und dennoch gilt das andere auch – oder gerade deswegen: Der Glaube an Gott macht fröhlich! Schon vergessen? Das ist der tiefere Sinn: Wer glaubt, lebt aus einer tiefen Zuversicht – ungeachtet aller Zweifel. Jeder hat Zweifel, keine Frage. Nur: Diese Zweifel gewinnen nie die Oberhand. So sieht es der Glaube. „Er zog aber seine Straße fröhlich", heißt es in Apostelgeschichte 8,39 von dem Politiker (!), der sich gerade erst taufen ließ. Von dieser Fröhlichkeit ist vielfach wenig zu spüren. Wenn man aber Christinnen und Christen nicht anmerkt, was der Glaube bewirkt, wie soll er dann andere anziehen?

Das Kind in der Krippe: Mit ihm ist alles anders geworden. Ein für allemal. Die Vor-Zeichen des Lebens haben sich verändert.

52. Woche

6. Ei so kommt und lasst uns laufen,
stellt euch ein, Groß und Klein,
eilt mit großen Haufen!
Liebt den, der vor Liebe brennet;
schaut den Stern, der euch gern
Licht und Labsal gönnet.

7. Die ihr schwebt in großem Leide,
sehet, hier ist die Tür
zu der wahren Freude;
fasst ihn wohl, er wird euch führen
an den Ort, da hinfort
euch kein Kreuz wird rühren.

8. Wer sich fühlt beschwert im Herzen,
wer empfind't seine Sünd
und Gewissensschmerzen,
sei getrost: hier wird gefunden,
der in Eil machet heil
die vergift'ten Wunden.

9. Die ihr arm seid und elende,
kommt herbei, füllet frei
eures Glaubens Hände.
Hier sind alle guten Gaben
und das Gold, da ihr sollt
euer Herz mit laben.

10. Süßes Heil, lass dich umfangen,
lass mich dir, meine Zier,
unverrückt anhangen.
Du bist meines Lebens Leben;
nun kann ich mich durch dich
wohl zufrieden geben.

11. Ich bin rein um deinetwillen:
Du gibst g'nug Ehr und Schmuck,
mich darein zu hüllen.
Ich will dich ins Herze schließen,
o mein Ruhm! Edle Blum,
lass dich recht genießen.

12. Ich will dich mit Fleiß bewahren;
ich will dir leben hier,
dir will ich hinfahren;
mit dir will ich endlich schweben
voller Freud ohne Zeit
dort im andern Leben.

Bei so einem Angebot kann man gar nicht anders, als alles andere liegen und stehen zu lassen. Auf, zur Krippe! Und Jesus in Augenschein nehmen. In der zur Weltliteratur gewordenen Weihnachtserzählung aus dem Lukasevangelium (2,1–20) erhalten zuerst Hirten die Nachricht von der Geburt Jesu. Randsiedler der damaligen Gesellschaft. Sie haben sich auf den Weg gemacht.

Wer zu Jesus kommt, muss keine Vorleistungen erbringen. Er nimmt jeden/jede an, wie er/sie ist. Das wird an den Begegnungen Jesu mit den Menschen seiner Zeit ein ums andere Mal deutlich, überdeutlich wie die Evangelisten vielfach zu berichten wissen. Und die diesem Jesus begegnen, gehen als Veränderte ihren Weg.

Die frohe Botschaft des Evangeliums gilt gerade den Schwachen und Benachteiligten. Was heißt das konkret? Wer leidet, soll sich freuen. Wem es ums Herz schwer ist, soll getröstet werden. So dichtet Paul Gerhardt – in Anlehnung an die Seligpreisungen.

Die wichtigste Veränderung geschieht wohl dadurch, dass wir im Angesichte Jesu zufriedene Menschen werden: „Du bist meines Lebens Leben; nun kann ich mich durch dich wohl zufrieden geben." Das scheint mir die wohl größte Verheißung für moderne Zeitgenossen zu sein: zufriedene Menschen werden zu können. Was für eine Aussicht!

Zum Autor

Udo Hahn, Jahrgang 1962, ist Pfarrer und Publizist. Er arbeitete u. a. als Redakteur bei der Wochenzeitung „Rheinischer Merkur" in Bonn. Er ist Pressesprecher der Vereinigten Evangelisch-Lutherischen Kirche Deutschlands (VELKD) und des Deutschen Nationalkomitees des Lutherischen Weltbundes. Seit Juli 2005 leitet er das Referat „Medien und Publizistik" der Evangelischen Kirche in Deutschland (EKD) in Hannover.

Anhang

Fröhlich soll mein Herze springen
Die CD zum Paul-Gerhardt-Brevier

In Zusammenarbeit mit der Stiftung KiBa,
Stiftung zur Bewahrung kirchlicher Baudenkmäler in Deutschland
und Rondeau Production.

STIFTUNG KIBA RONDEAU PRODUCTION

1	*Lobet den Herren* Chorsatz von Johann Crüger Thomanerchor Leipzig – Torsten Laux, Orgel	*2:05*
2	*Wach auf, mein Herz, und singe* Otto Sander, Rezitation – Torsten Laux, Orgel	*3:15*
3	*Die güldne Sonne* Satz von Bach-Schemelli Thomanerchor Leipzig: Richard Mauersberger (Sopran)	*1:29*
4	*Der 1. Psalm Davids – Wohl dem Menschen, der nicht wandelt* Otto Sander, Rezitation	*1:33*
5	*Nicht so traurig, nicht so sehr* Satz von Bach-Schemelli Martin Petzold (Tenor)	*1:45*
6	*Wie soll ich Dich empfangen* Chorsatz von Johann Crüger Thomanerchor Leipzig – Torsten Laux, Orgel	*2:54*
7	*Ich steh an deiner Krippen hier* Melodie: Johann Sebastian Bach, Satz für vierstimmigen Chor Thomanerchor Leipzig – Torsten Laux, Orgel	*4:23*
8	*Wir singen dir, Immanuel* Otto Sander, Rezitation – Torsten Laux, Orgel	*6:14*
9	*Nun lasst uns gehn und treten* Otto Sander, Rezitation – Torsten Laux, Orgel	*4:06*

10	*O Haupt voll Blut und Wunden* Otto Sander, Rezitation – Thomanerchor Leipzig – Gewandhausorchester – Torsten Laux, Orgel	*9:26*
11	*Ein Lämmlein geht und trägt die Schuld* Torsten Laux, Orgel	*2:20*
12	*Auf, auf, mein Herz, mit Freuden* Satz von Bach-Schemelli Thomanerchor Leipzig: Patrick Grahl (Tenor)	*2:00*
13	*Der 85. Psalm Davids – Herr, der du vormals hast dein Land* Otto Sander, Rezitation – Torsten Laux, Orgel	*4:06*
14	*Geh aus, mein Herz, und suche Freud* Otto Sander, Rezitation – Thomanerchor Leipzig – Torsten Laux, Orgel Thomanerchor Leipzig: Conrad Zuber (Sopran), Patrick Grahl (Tenor) ältere Melodie	*11:49*
15	*Befiehl du deine Wege* Otto Sander, Rezitation – Thomanerchor Leipzig – Gewandhausorchester – Torsten Laux, Orgel	*6:46*
16	*Der Tag mit seinem Lichte* Satz von Bach-Schemelli Martin Petzold (Tenor)	*2:25*
17	*Nun ruhen alle Wälder* Otto Sander, Rezitation – Thomanerchor Leipzig – Torsten Laux, Orgel Thomanerchor Leipzig: Chorsatz von Bartholomäus Gesius	*6:31*
	Gesamtspielzeit	73:09

Die Mitwirkenden

Otto Sander

Die geschmeidig-raue Stimme von Otto Sander ist unverwechselbar, seinen melancholisch-lächelnden Blick vergisst niemand. Otto Sander ist einer der Meister seines Fachs. Das Theater hat ihn groß gemacht, Kino und Fernsehen populär. Durch die Filme von Wim Wenders hat er Kultstatus erreicht. Die Berliner Zeitung nannte ihn „den berlinischen Schauspieler schlechthin". Und der Sprecher Otto Sander gilt schlicht als „die Stimme".

Otto Sander studierte Theaterwissenschaft, Germanistik und Kunstgeschichte in München, dort nahm er Schauspielunterricht an der Otto-Falckenberg-Schule. Von 1970 bis 1981 gehörte Otto Sander zum Ensemble der Berliner Schaubühne am Halleschen Ufer. 1982 inszenierte und spielte er zusammen mit Peter Fitz den Beckett-Abend „Mercier und Camier", sie nannten ihre Gruppe „rent-a-face". Am Schauspielhaus Zürich spielte er Herrn Jelke in Botho Strauß' „Der Kuss des Vergessens" und als Produktion der Wiener Festwochen in Peter Zadeks „Hamlet"-Inszenierung.

Otto Sander ist in zahlreichen Filmen zu sehen, darunter „Die Blechtrommel" (Regie: Volker Schlöndorff), „Rosa Luxemburg" (Regie: Margarethe von Trotta), „Nikolaikirche" (Regie: Frank Beyer) und „Comedian Harmonists" (Regie: Joseph Vilsmeier). Unter seinen bekanntesten Filmrollen sind die des einen Engels aus „Der Himmel über Berlin" von Wim Wenders sowie des U-Boot-Kommandanten Kapitänleutnant Philipp Thomsen in Wolfgang Petersens „Das Boot". Im Herbst 2006 erklang seine markante Stimme in allen Kinosälen als Erzähler in der Verfilmung von Patrick Süskinds „Das Parfum".

1979 und 1999 wurde Otto Sander als bester Schauspieler des Jahres ausgezeichnet. Neben vielen anderen Auszeichnungen erhielt er den Deutschen Kritikerpreis, den Ernst-Lubitsch-Preis 1982 und den Adolf-Grimme-Preis 1995.

Torsten Laux

Torsten Laux studierte seit 1985 an der Musikhochschule in Frankfurt/Main Kirchenmusik bis zur A-Prüfung (Orgelliteraturspiel bei Prof. Hans-Joachim Bartsch, Improvisation bei Prof. Reinhard Menger und KMD Gerd Wachowski) und Orgel (Künstlerische Ausbildung bei Prof. Edgar Krapp) bis zum Konzertexamen. 1994 bis 1996 folgten weitere Studien bei Prof. Daniel Roth (Paris) und Prof. Bernhard Haas (Stuttgart) an der Musikhochschule Saarbrücken.

Torsten Laux ist Preisträger einiger renommierter internationaler Orgelwettbewerbe (Johann-Pachelbel-Preis der Internationalen Orgelwoche Nürnberg, Georg-Böhm-Orgelwettbewerb in Lüneburg, Gottfried-Silbermann-Orgelwettbewerb in Freiberg/Sachsen, Internationaler Wettbewerb „Orgelland Thüringen“, Internationaler Orgelwettbewerb in Odense/Dänemark, Jan-Pieterszoon-Sweelinck-Wettbewerb in Danzig/Gdansk). In Biarritz (Frankreich) gewann er alle drei Preise im Fach Improvisation („Prix André Marchal“, Sonderpreis und Publikumspreis). Konzertreisen führten Torsten Laux nach Frankreich, Belgien, England, Dänemark, Schweden, Finnland, Italien, Polen, Ungarn und Rumänien. Im In- und Ausland gibt er Orgelkurse für Improvisation und Interpretation und ist außerdem als Juror bei internationalen Orgelwettbewerben gefragt.

Torsten Laux ist seit 1993 Dozent für Orgelimprovisation an der Hochschule für Kirchenmusik in Bayreuth. Zum Sommersemester 1999 erhielt er einen Ruf als Professor für Orgel an der Robert-Schumann-Hochschule in Düsseldorf.

Auf der vorliegenden CD musiziert Laux eigene Improvisationen zu den Texten Paul Gerhardts. Die Aufnahmen entstanden an der Orgel der Nikolaikirche in Berlin, dem langjährigen Wirkungsort von Paul Gerhardt.

Thomanerchor Leipzig

Die Geschichte des Thomanerchores umspannt fast 800 Jahre. Die Thomaner leben gemeinsam im Alumnat und lernen in der Thomasschule zu Leipzig. Die Hauptwirkungsstätte des Chores ist die Leipziger Thomaskirche. Der Thomanerchor Leipzig ist nur ein halbes Jahrhundert jünger als die Stadt selbst und damit ihre älteste kulturelle Einrichtung überhaupt.

Im Jahre 1212 bestätigte Otto IV. auf dem Reichstag zu Frankfurt die Gründung des Augustiner-Chorherrenstifts zu St. Thomas, die Markgraf Dietrich der Bedrängte von Meißen veranlasst hatte. Bestandteil der Ausbildung war von Anfang an der liturgische Gesang. Die Reihe der berühmten Thomaskantoren eröffnete Georg Rhau, in dessen zweijährige Amtszeit das Streitgespräch zwischen Martin Luther und Johann Eck fiel. Die Kantoren wechselten anfangs häufig. Sethus Calvisius aber war bereits zwanzig Jahre lang, von 1594 bis 1615, Thomaskantor. Ihm folgte unter anderen Johann Hermann Schein (1616–1630) und Johann Kuhnau (1701–1722). Am 31. Mai 1723 wurde Johann Sebastian Bach in das Amt eingeführt, was er 27 Jahre innehatte.

Mit der Entwicklung der Massenverkehrsmittel im 20. Jahrhundert begann auch eine rege Konzerttätigkeit des Thomanerchores im In- und Ausland. Die Motetten- und Kantatenaufführungen freitags und samstags in der Thomaskirche waren als kirchenmusikalische Ereignisse zu einer festen Institution geworden. Zu Beginn des 20. Jahrhunderts, unter Karl Straube, erhielten die regelmäßigen Aufführungen der Passionen, des Weihnachtsoratoriums und der h-Moll-Messe von Johann Sebastian Bach jenen Glanz, der sich bis heute erhalten hat.

Thomaskantor Georg Christoph Biller

Thomaskantor Georg Christioph Biller war selbst Thomaner unter Erhard Mauersberger und Hans-Joachim Rotzsch und trat 1992 als 16. Thomaskantor nach Johann Sebastian Bach sein Amt an. Biller studiert Orchesterdirigieren bei Rolf Reuter und Kurt Masur sowie Gesang bei Bernd Siegfried Weber an der Hochschule für Musik „Felix Mendessohn Bartholdy" Leipzig.

1980 bis 1991 war er Chordirektor des Leipziger Gewandhauschores und daneben als Dozent für Chorleitung an der Kirchenmusikschule Halle tätig. Außerdem lehrte er Chordirigieren an den Musikhochschulen in Detmold und Frankfurt/Main. Seit 1994 hat Georg Christoph Biller an der Leipziger Hochschule für Musik und Theater „Felix Mendelssohn Bartholdy" eine Professur für Chordirigieren inne und unterrichtet ab 2005 erneut an der Musikhochschule Detmold.

Biller errang mehrere Preise für Dirigieren und Gesang und arbeitete als Gastdirigent mit namhaften Chören und Orchestern. Als Lied- und Oratoriensänger gastierte er im In- und Ausland, regelmäßig wirkte er solistisch bei Konzerten des Thomanerchores mit. Engagements führten ihn nach Asien, in die USA und in verschiedene europäische Länder.

Georg Christoph Biller pflegt die große Chortradition von den gregorianischen Anfängen bis hin zur Moderne. Unter seiner Leitung bzw. Mitwirkung entstanden zahlreiche Rundfunk-, Fernseh- und CD-Aufnahmen. Mit dem Thomanerchor produzierte er in den vergangenen Jahren mehrere CD-Einspielungen für Universal/Philips Classics und für Rondeau Production.

Martin Petzold

Der Tenor Martin Petzold erhielt seine erste musikalische Ausbildung als Mitglied des Thomanerchores in seiner Heimatstadt Leipzig. Seit 1988 ist er festes Ensemblemitglied der Oper Leipzig. Neben der Opernarbeit ist Martin Petzold musikalisch in besonders enger Zusammenarbeit mit dem Thomanerchor Leipzig, dem Gewandhausorchester, dem Orchester des MDR, dem Freiburger Barockorchester, dem Dresdner Kreuzchor und dem Monteverdi-Chor Hamburg verbunden. Eine regelmäßige Zusammenarbeit verbindet Martin Petzold mit Dirigenten wie Riccardo Chailly, Kurt Masur, Peter Schreier, Georg Christoph Biller, Ton Koopmann, David Timm, Hansjörg Albrecht und Herbert Wernicke. Im Jahr 2001 erfolgte seine Ernennung zum Kammersänger.

Zahlreiche Konzertverpflichtungen führen ihn zu bedeutenden internationalen Festivals in ganz Europa, in den USA, nach Israel, nach Japan und nach Südamerika. Martin Petzold kann auf zahlreiche Rundfunk-, Fernseh- sowie CD-Produktionen verweisen, wie die Evangelistenpartie der Bach'schen Matthäus-Passion mit dem Thomanerchor in der Thomaskirche.

Gewandhausorchester

Das Gewandhausorchester kann heute mit Stolz auf eine über 250-jährige Geschichte zurückblicken. Leipziger Kaufleute gründeten im März 1743 eine Konzertgesellschaft, die unter der Bezeichnung „Großes Concert" Musikgeschichte geschrieben und einen der weltweit bekanntesten und renommiertesten Klangkörper hervorgebracht hat.

Rund 70 „Große Concerte" pro Saison stehen allein in Leipzig auf dem Programm des Gewandhausorchesters. Seit über 200 Jahren besteht zudem die Verpflichtung als ständiges Orchester der Oper Leipzig. Hinzu kommen die wöchentlichen Kantaten Johann Sebastian Bachs mit dem Thomanerchor in der Thomaskirche sowie mehr als 20 Gastspielkonzerte pro Saison in aller Welt.

Das Gewandhaus zog in allen Zeiten Komponisten und Interpreten von Weltrang an. Wolfgang Amadeus Mozart dirigierte hier 1789 ein Konzert mit eigenen Werken. Carl Maria von Weber gastierte 1813 mit seinem Es-Dur-Klavierkonzert. Seit 2005 ist Riccardo Chailly der 19. Gewandhauskapellmeister und Generalmusikdirektor der Oper Leipzig.

Weitere Mitwirkende:

Richard Mauersberger, Sopran

Conrad Zuber, Sopran

Patrick Grahl, Tenor

Solisten des Thomanerchores Leipzig

Basso Continuo:

Hartmut Becker, Violoncello

Claus-Peter Nebelung, Kontrabass

Thomasorganist Ullrich Böhme, Truhenorgel

STIFTUNG KIBA

Stiftung zur Bewahrung kirchlicher Baudenkmäler
in Deutschland

ALLGEMEINES
Die STIFTUNG KIBA: Eine Stiftung der Evangelischen Kirche in Deutschland und ihrer Landeskirchen.
Gegründet 1997.

ZIELE
Evangelische Kirchengebäude in Deutschland vor Verfall und Aufgabe zu bewahren; das allgemeine Bewusstsein für Pflege und Erhaltung solcher Kirchen zu stärken.
Die Kirchbauten vergangener Jahrhunderte repräsentieren Kultur und Geschichte unseres Landes in herausragender Weise. Sie sind Orte des Gebets und der Andacht. Leider sind viele Kirchen in ihrer Substanz gefährdet – besonders in den östlichen Bundesländern. Mit jeder Sanierung bewahrt die STIFTUNG KIBA unwiederbringliches Kulturgut und erhält geprägte Orte für den Gottesdienst.

Das Stiftungskapital beträgt zur Zeit 13,4 Millionen Euro.

FÖRDERSCHWERPUNKTE
Die STIFTUNG KIBA fördert vornehmlich – jedoch nicht ausschließlich – Dorfkirchen. Ein Schwerpunkt liegt bei Projekten in den östlichen Bundesländern.

GEFÖRDERTE PROJEKTE
Die STIFTUNG KIBA hat seit 1999 über 350 Förderzusagen für Sanierungsvorhaben von Kirchen in Höhe 5,6 Millionen Euro geben können.
Nach der **Hochwasserkatastrophe** des Jahres 2002 an Elbe und Mulde konnte die STIFTUNG KIBA aus dem Nothilfefonds der EKD 143 Sanierungsprojekte mit insgesamt 8,9 Millionen Euro fördern.

SPENDEN
Die STIFTUNG KIBA ist für ihre Arbeit auf bürgerschaftliches Engagement angewiesen. Jede Spende wird ungeschmälert – zu 100 % – für Fördermaßnahmen verwendet.

Ein **Förderverein**, dem über 1400 Mitglieder angehören, unterstützt die STIFTUNG KIBA kontinuierlich. Dem Vorstand des Fördervereins gehören u. a. an:
Christine **Lieberknecht**, Fraktionsvorsitzende im Thüringer Landtag
Axel **Noack**, Bischof der Evangelischen Kirche der Kirchenprovinz Sachsen
Dr. Christiane **Segers-Glocke**, Präsidentin des Niedersächsischen Landesamtes für Denkmalpflege

Der Jahresbeitrag beträgt 60 Euro. Alle Mitgliedsbeiträge kommen – wie jede Spende – zu 100% den geförderten Kirchen zu Gute.

SPENDENKONTO
Evangelische Kreditgenossenschaft Kassel (EKK)
Konto-Nr.: 55 50
BLZ: 520 604 00

Unsere Kulturlandschaft ohne Kirchtürme – unvorstellbar!

Kirchen und ihre Türme sind aus dem Weichbild unserer Kulturlandschaft nicht wegzudenken. Sie stehen im Zentrum ihres Dorfes oder an markanten Plätzen ihrer Stadt. Was an der Küste Fischern und Seefahrern der Leuchtturm, das war den Wanderern und Reisenden im Binnenland lange Zeit der nächste Kirchturm: Orientierungsmarke und Wegweiser. Ein Ort der Einkehr und Besinnung, an dem man im Ernstfall auch Schutz vor Verfolgern fand. Die Situation zahlreicher alter Kirchen ist allerdings besorgniserregend; oft duldet ihre Rettung keinen Aufschub. In einigen östlichen Landesteilen konnte an vielen Bauten seit Beginn der dreißiger Jahre kaum das Allernotwendigste getan werden. Über 1000 Kirchen sind akut vom Verfall bedroht. Auch in den westlichen Bundesländern stellt sich die Frage nach der Zukunft der alten Kirchen mit Nachdruck.

Die „Stiftung zur Bewahrung kirchlicher Baudenkmäler in Deutschland", kurz: die STIFTUNG KIBA, hat sich zum Ziel gesetzt, Mittel für die Rettung und Sanierung gefährdeter Kirchen zu beschaffen und bereitzustellen. Seit 1999 hat die STIFTUNG KIBA mehr als 350 Förderzusagen für Sanierungsvorhaben von Kirchen in Höhe von mehr als 5,6 Millionen Euro geben können.

Für unsere Bürgergesellschaft ist es eine ebenso wichtige wie lohnende Gemeinschaftsaufgabe, zum Erhalt des großartigen kirchlichen Bauerbes beizutragen, indem man sich die Pflege und Bewahrung kirchlicher Baudenkmäler zum persönlichen Anliegen macht. Industrie, Handel, Handwerk und natürlich die vielen privaten Freunde und Liebhaber der Sakralarchitektur sind eingeladen, zusammen mit der STIFTUNG KIBA durch Zustiftungen oder projektbezogene Unterstiftungen, durch Sponsoring wie durch Einzelspenden gezielt zur Erhaltung einzigartiger Kirchbauten beizutragen. Wenn das gelingt, werden wir alle auch in Zukunft nicht auf das vertraute Bild unserer von Gotteshäusern und Kirchtürmen geprägten Kulturlandschaft verzichten müssen.

Martin Ammon

Die vorliegende CD erscheint zugunsten der Stiftung KiBa.

Die Stiftung KiBa *dankt dem Schauspieler Otto Sander für die Interpretation der Texte von Paul Gerhardt auf dieser CD sowie für seine Bereitschaft, auf ein Honorar zu verzichten.*

So können Sie helfen

Mit einer Spende unterstützen Sie die Stiftung KiBa bei der Rettung einer ganz bestimmten Kirche. Jede Spende bringt unsere Projekte ein Stück weiter. Ihr Geld kommt den Kirchengebäuden ungeschmälert – zu 100 Prozent! – zugute. Für jede Spende erhalten Sie eine Spendenquittung, ab 250 Euro ein Zertifikat.

Mit einer Jubiläums- oder Geburtstagsspende können Sie auch Ihren Freundes- und Bekanntenkreis motivieren, die Arbeit der Stiftung KiBa zu fördern. Sie laden aus Anlass Ihres Geburtstages Verwandte und Freunde ein, für ein Kirchsanierungsprojekt zu spenden, das Ihnen besonders am Herzen liegt. So haben alle Beteiligten eine Freude und tragen darüber hinaus gemeinschaftlich zur Erhaltung eines Kulturdenkmals bei. Auch ein Jubiläum, eine Weihnachtsfeier oder ein Sommerfest sind ideale Gelegenheiten. So bleibt immer eine Erinnerung über den Tag hinaus.

Als Fördermitglied im „Verein zur Förderung der Stiftung KiBa e.V." tragen Sie zur verlässlichen Bewahrung der zahlreichen wertvollen Dorfkirchen entscheidend bei. Schon ab 5 Euro im Monat – das sind weniger als 17 Cent pro Tag – können Sie Mitglied im Förderverein werden. Und bekommen nicht nur regelmäßig unseren Stiftungsrundbrief zugesandt, sondern erhalten auch andere, exklusive Vorteile für Fördervereinsmitglieder. Dem Vorstand des Fördervereins gehören namhafte Persönlichkeiten des öffentlichen Lebens an.

Werden Sie Zustifter und stärken Sie so mit einem einmaligen Betrag ab 500 Euro das Stiftungskapital. Ihre Zustiftung ermöglicht es der Stiftung KiBa, auch in Zukunft nachhaltig für das reiche kirchliche Bauerbe einzutreten. Über Ihre Zustiftung erhalten Sie eine Urkunde. Unter bestimmten Voraussetzungen kann die Zustiftung auch Ihren Namen tragen. Übrigens: Zustiftungen können steuerlich sehr attraktiv werden. Wir beraten Sie gern.

STIFTUNG KIBA
Herrenhäuser Str. 12 · D–30419 Hannover
Telefon 05 11 / 27 96 333 • Telefax 05 11 / 27 96 334
kiba@ekd.de • www.stiftung-kiba.de
Spendenkonto 55 50
Evangelische Kreditgenossenschaft (EKK) Kassel
BLZ 520 604 00

Spenden sind steuerabzugsfähig, Erbschaften und Vermächtnisse sind von der Erbschaftssteuer befreit.

AUFNAHME
24. August 2006 *(Otto Sander)*
Aufnahmeleitung und Schnitt: Leene Rafelt, Studio Funk
9. Oktober 2006 *(Torsten Laux an der Orgel der Nikolaikirche)*
Aufnahmeleitung und Schnitt: Wolfgang Kick
9. Oktober 2006 *(Thomanerchor Leipzig)*
Aufnahmeleitung und Schnitt: Joachim Müller

Zusammenstellung und Mastering: Wolfgang Kick

FOTOS
Leonard Zubler (S. 149)
Gert Mothes (S. 151, 152, 153, 154)

PRODUKTION
Frank Hallmann / Rondeau Production
im Auftrag der STIFTUNG KIBA

Heinrich-Brandt-Straße 18
D – 91575 Windsbach
www.rondeau.de